« RÉPONSES »
Collection dirigée par Joëlle de Gravelaine

BIRGER SELLIN

UNE ÂME PRISONNIÈRE

Grâce à la communication assistée, un jeune autiste nous révèle son univers

traduit de l'allemand par Peter Schmidt

Introduction de Michael Klonovsky

ROBERT LAFFONT

Titre original : ICH WILL KEIN INMICH MEHR SEIN
BOTSCHAFTEN AUS EINEM AUTISTISCHEN KERKER

ISBN 2-221-07762-8
(édition originale :
ISBN 3-462-02289-X Kiepenheuer & Witsch, Cologne)

maintenant seulement je compose un chant sur la joie
de pouvoir parler un chant pour les autistes muets à
être chanté dans les asiles et les maisons de fous
des clous plantés dans les fourches des branches sont
les instruments
je chante cette chanson depuis la profondeur de l'enfer
et j'appelle
tous les muets de ce monde
faites de cette chanson votre chant
faites fondre vos murs de glace
et refusez d'être exclus
nous voulons être la nouvelle génération des muets
une troupe avec ses chants et ses chansons nouvelles
tels que ceux qui parlent n'auront jamais ouï
parmi tous les poètes je n'ai pas trouvé de muet
ainsi nous voulons être les premiers
et nos chants ne peuvent être ignorés
j'écris des poèmes pour mes sœurs muettes
pour mes frères muets
qu'on nous entende et qu'on nous donne une place
à vivre parmi vous tous
dans une vie de cette société

EN GUISE D'INTRODUCTION

Au début de février 1992, un de mes amis, juge à la chambre correctionnelle de Berlin, me téléphona : « Toi qui, en tant que journaliste, es toujours en quête de sujets intéressants, je crois avoir déniché quelque chose pour toi. Un de mes collègues a un fils de dix-neuf ans ; il s'appelle Birger Sellin et il est autiste. A l'exception des deux premières années de sa vie, ce garçon n'a jamais plus prononcé la moindre parole. On le pensait totalement débile — jusqu'au moment où il s'est mis à écrire. Maintenant, ce garçon passe toutes ses soirées devant son ordinateur à écrire les choses les plus incroyables.

— Mais qu'est-ce qu'un autiste ?

— Comment ? Tu n'as pas vu le film *Rain Man* ?

— Non. »

Et cet ami, après un instant de réflexion, se mit à m'expliquer : « L'autisme est un handicap apparemment dû à un dysfonctionnement de la faculté de perception. Les autistes n'entretiennent aucun contact avec leur environnement, se replient complètement sur eux-mêmes et, visiblement, n'enregistrent rien de ce qui se passe autour d'eux.

— Et d'un seul coup, un tel être peut se mettre à écrire ?

— C'est justement ce qui est stupéfiant ! Il faut absolument que tu lises ses textes.

Ce garçon est vraiment fantastique ! »

Ce fut assez pour exciter ma curiosité. Même si mes connaissances sur l'autisme étaient nulles, je décidai de suivre cette affaire de près. Un autre élément influença sans doute également ma décision : le fait que j'éprouve instinctivement une certaine sympathie pour un être qui s'est totalement fermé au monde — attitude qui ne me semble d'ailleurs pas tout à fait dépourvue de fondement. Je compris plus tard que non seulement toute vision idéalisée de cette maladie est ridicule, mais qu'elle doit même paraître cynique aux yeux des intéressés.

Je me procurai dans les archives de presse divers articles publiés ces dernières années sur l'autisme, histoire de me faire une vague idée sur le sujet. Parallèlement, je pris contact avec deux psychologues berlinoises qui effectuent un travail avec des autistes. Je compris peu à peu que je commençais à m'intéresser sérieusement à ce sujet, pourtant très éloigné de mes expériences antérieures.

On m'expliqua que les autistes sont des êtres vivants comme des prisonniers dans l'univers de leur propre moi. Pour des raisons inconnues, ils s'isolent du monde dès leur plus tendre enfance. C'est pourquoi on parle précisément d'« autisme de la petite enfance » à cause de ces dysfonctionnements du développement infantile. Les enfants autistes sont incapables d'établir des relations émotionnelles avec autrui, y compris avec leurs parents. Leur comportement est comparable à celui des sourds, et ils fuient tout regard, évitent tout contact physique. De deux choses l'une : ou bien ils ne parlent pas ou bien ils répètent inlassablement ce qu'on leur dit. Ils ne jouent pas comme les autres enfants, ils font et refont mécaniquement toujours les mêmes gestes et sont en proie à une violente agitation dès qu'un imprévu survient. Il peut même leur arriver de se blesser eux-mêmes de façon douloureuse. Pour résumer l'ensemble de mes lectures sur ce thème, je dirai que toutes ces constatations ne constituent en fait que des aspects extérieurs puisque personne, pratiquement, ne connaît ces êtres de l'intérieur.

En même temps j'appris, toujours par mes lectures, qu'un grand nombre d'autistes, loin d'être des handicapés mentaux, sont parfois, au contraire, très intelligents. Cependant cette intelligence est bien difficile à déceler à cause de l'incapacité des autistes à communiquer. Les chances de guérison apparaissent donc faibles. Souvent, une fois devenus adultes, si leurs parents ne peuvent plus faire face aux dépenses nécessaires pour leurs soins, les autistes finissent par végéter dans des hôpitaux psychiatriques. De plus, l'idée que la médecine s'est forgée de l'autisme est tellement floue que les diagnostics peuvent varier énormément et que, très souvent, on parlera d'un tout autre handicap. Bref, il s'agit encore d'une énigme.

Ce bilan me semblant un peu trop léger, je me mis à consulter les rares publications scientifiques sur le sujet. Il fallut me rendre à l'évidence : les chercheurs eux-mêmes ne savent guère à quoi s'en tenir ; ils sont capables de décrire l'aspect clinique de cette maladie (on devrait d'ailleurs plutôt parler de handicap), mais savent peu de chose sur ses causes et les éventuelles thérapies à appliquer. Ainsi deux spécialistes hollandais du comportement, Elisabeth et Niko Tinbergen, ont-ils reconnu que l'autisme « est l'un des phénomènes naturels les plus compliqués qui soient ».

Tout cela fit croître mon désir de rencontrer un de ces êtres étranges. Une fois préparé, à peu près, par mes premières recherches sur l'autisme, je pris enfin contact avec les parents de Birger. Ces derniers se montrèrent tout à fait désireux de rendre public le cas de leur fils, bien que je les eusse prévenus d'emblée que je souhaitais d'abord lire ce que Birger écrivait. Je restai stupéfait à la lecture de ces textes qui m'étaient parvenus par la poste. Jamais je n'avais lu pareille chose. Il ne s'agissait nullement des balbutiements d'un fou refusant de s'intéresser à ses semblables, mais plutôt d'un appel au secours venant d'un monde obscur et incompréhensible. Ces textes chargés de mystère et de solitude étaient marqués par la grande misère qui les avait fait naître, rédigés dans un langage excessivement dense et compact. Ils éveillaient en moi des réminiscences de Nietzsche, de Hölderlin, d'Artaud ou des anciens poèmes épiques nordiques. Impossible qu'un fou puisse écrire un tel texte.

Fasciné, je lus et relus ces deux cents pages. Quelques jours plus tard, je pris rendez-vous avec la famille Sellin pour lui rendre visite, dans leur petit pavillon de la banlieue sud de Berlin, et faire enfin la connaissance de l'entourage de Birger.

J'arrivai vers midi. Birger se trouvait alors dans un

foyer pour jeunes autistes où il passe toutes ses journées, et qui est géré par l'association Aide à l'enfance autiste. Sa mère me dit qu'on ne le ramènerait pas avant seize heures. Cela me convenait, car j'avais ainsi le temps de tâter calmement le terrain en vue de notre première rencontre. J'avoue ne pas m'être senti très à l'aise à cette idée ; je ne savais pas quelle attitude adopter face à lui. La mère de Birger me conseilla de rester aussi normal et détendu que possible. Je m'entretins avec ses parents et visitai la maison. Rien ne laissait croire qu'il s'agissait de la demeure d'un autiste ; tout semblait parfaitement « normal ».

A un moment, les parents de Birger me laissèrent seul dans le salon avec les textes : *J'aimerais bien pouvoir sortir de ma vie isolée des attitudes décadentes qui me servent de cuirasse tous les jours sans espoir je ne vis que frustrations quotidiennes du matin au soir c'est comme si j'étais enterré vivant la solitude d'un autiste est comme une motte de terre excroissance folle pesant sur mon âme...*

Puis la porte s'ouvrit brusquement et Birger se précipita dans la pièce. Lorsqu'il m'aperçut, il s'en effraya et s'arrêta aussitôt. Il se tint à quelques pas devant moi : grand et imposant, mais en même temps étrangement replié sur lui-même, avec son pull dépassant de son pantalon et criblé de taches. Son regard flou et incertain m'avait déjà quitté pour errer à travers la pièce. Ensuite, en soufflant bruyamment, il fit le tour de la table derrière laquelle je me trouvais, puis se jeta sur le canapé. Sans s'intéresser davantage à moi, il commença à balancer son buste dans un mouvement monotone, en fixant son regard quelque part dans le vide. Le maxillaire inférieur projeté en avant, il soufflait de l'air par saccades sur son visage. Sa respiration s'accéléra peu à peu jusqu'à une sorte de halètement. Un peu plus tard, il se laissa glisser sur le sol où se trouvaient, éparpillées, des centaines de billes et de perles de verre. Birger en mit une poignée dans un gobelet en plastique et les fit rouler ensuite sur le sol à travers ses doigts étrangement déformés. Un geste qu'il allait répéter inlassablement. Parfois un profond râle, entre plaisir et douleur, se mêlait à sa respiration haletante pendant que les billes tombaient en pluie.

Pendant un instant je me sentis paralysé. Ce jeune garçon n'inspirant que la pitié, apparemment totalement débile, était-il vraiment l'auteur de tous ces textes étalés devant moi ? Un contraste aussi cruel entre apparence et intelligence était-il possible ? Ce fou qui faisait rouler ses billes devait posséder des capacités littéraires exceptionnelles.

J'observai Birger pendant un certain temps tout en récapitulant ce que je savais de lui : qu'il ne pouvait pas se contrôler ; qu'il était incapable de parler mais qu'il savait lire et écrire ; qu'il comprenait tout ce que je disais et enregistrait tout ce que je faisais ; qu'il habitait cet être dont le comportement me semblait tellement incompréhensible. Troublé, je regardai les textes sortis de l'imprimante, posés là, dont l'auteur était maintenant devant moi, assis par terre, comme un être menaçant et inquiétant qui jouait de façon compulsive avec ses billes comme si sa vie en dépendait.

Je fis abstraction de mon étonnement et m'adressai à lui : je lui racontai que ses textes m'avaient fasciné et que j'aimerais écrire sur lui. Il ne manifesta aucune réaction. Je continuai de parler comme si j'y étais contraint. Je n'allais pas me laisser perturber à ce point par cette rencontre ! Pendant que je débitais des banalités, Birger devint de plus en plus agité. Subitement il se frappa le visage de sa main droite, à plusieurs reprises, en se mettant à crier. Dérouté, je regardai ce spectacle, ce garçon criant de plus en plus fort en se mordant les mains. Birger quitta précipitamment la pièce en claquant la porte derrière lui, et ses cris stridents retentirent dans toute la maison.

Ainsi se déroula ma première rencontre, ce 26 février 1992, avec Birger Sellin, âgé de dix-neuf ans. Il s'agissait d'ailleurs de ma première rencontre avec un autiste. Depuis, j'ai compris une infime partie de la tragédie qui marque l'existence de Birger et de ses compagnons de souffrance. Cette compréhension ne m'a été donnée que grâce aux textes de Birger. J'expliquerai plus loin grâce à quel mécanisme Birger a réussi à s'exprimer depuis le mois d'août 1990 et quelle méthode lui a permis d'émerger de son silence.

Depuis cette première rencontre, j'ai revu Birger à plusieurs reprises chez lui, j'ai visité l'institution où on s'occupe de lui dans la journée, j'ai parlé avec ses parents et avec des personnes de son entourage pour me faire une idée de sa vie. J'ai appris à connaître un peu mieux ce jeune autiste et son monde, à les comprendre un tout petit peu. La première impression menaçante et inquiétante qu'avait fait naître Birger en moi a fait place peu à peu à une vision plus nuancée. Au cours de nos rencontres, j'ai constaté que les traits du visage de Birger étaient réguliers et qu'ils ne se déformaient que sous l'impact d'orages qui éclatent au fond de lui-même. J'ai aussi compris entre-temps qu'il est totalement logique qu'un être de son intelligence joue avec des billes, mais je n'ai pas réussi à saisir les causes du vertigineux décalage entre les écrits de Birger et son apparence...

Le magazine hambourgeois *Zeit-Magazin* a publié le 31 juillet 1992 un premier article sur Birger. A cette époque, déjà, ses parents souhaitaient faire connaître à un plus large public les textes toujours plus nombreux écrits par Birger. Le présent ouvrage marque l'accomplissement de ce désir. Birger non seulement a souhaité cette publication, mais il l'a suivie de très près. Évidemment, en regard de sa souffrance, ce genre de publication n'est pour lui que d'une importance secondaire. Toutes les intentions de Birger visent à vaincre son autisme afin de trouver sa place dans la société. Et je partage avec ses parents et tous ceux qui le connaissent l'espoir qu'il puisse y parvenir un jour. Il paraît que la publicité faite autour de lui grâce à l'article du *Zeit* lui a apporté une aide appréciable. Depuis, Birger a reçu des dizaines de lettres et de cadeaux, ainsi que des propositions d'éditeurs et de cinéastes.

Au cours de ces dernières années, plusieurs ouvrages écrits par des autistes ont été publiés. Ils décrivent leur parcours pour trouver une issue à cette maladie perfide. Les « anciens » autistes sont rarement guéris totalement mais ils sont capables de mener une vie relativement autonome. L'autisme ne relâchera sans doute jamais tout à fait son étreinte. Jusqu'au bout, ils porteront en eux les séquelles de leur handicap.

La particularité extraordinaire des textes de Birger réside dans le fait qu'il ne s'agit nullement, en l'occurrence, d'un autiste « guéri », se penchant rétrospectivement sur sa vie, mais d'un être toujours prisonnier de l'enfer de son handicap, émettant directement à partir de son univers carcéral autiste. Malgré son extraordinaire réceptivité et son talent de description unique, Birger fait partie des autistes les plus handicapés d'Allemagne. Les messages qu'il nous fait parvenir viennent d'un monde se situant aux antipodes du nôtre. Très peu de ce qui a cours ici compte dans son univers à lui. Et que des messages de son univers puissent nous parvenir tient du miracle. Et pourtant, le langage de Birger a sa propre valeur esthétique, qui va au-delà du simple contraste avec son apparence. Il se pourrait même qu'un écrivain « normal » ne puisse accéder à l'authenticité d'un tel langage, né de la détresse la plus intense.

Avant de laisser parler Birger lui-même, je tenterai de décrire son histoire aussi clairement que possible. J'essaierai également d'analyser brièvement ce que cache le syndrome de l'autisme d'un point de vue médical et de décrire approximativement la vie mentale d'un autiste. Une telle entreprise s'apparente à la description d'une étoile lointaine sur laquelle nous n'avons que très peu d'informations, et les erreurs d'interprétation sont par conséquent inévitables. Je demande surtout à tous les autistes qui liront cette introduction de bien vouloir faire preuve d'indulgence à mon égard.

Munich, janvier 1993
MICHAEL KLONOVSKY

BIRGER. LE MUTISME

La catastrophe s'est abattue sur le petit Birger alors qu'il avait à peine deux ans. Au cours des derniers mois de sa deuxième année, il a été englouti dans un autre monde, sans retour jusqu'à présent. Les causes en sont restées inconnues. On ne peut décrire que les circonstances extérieures qui ont accompagné sa plongée dans l'autisme.

Né le 1er février 1973 à Berlin (Ouest), Birger est le premier enfant de la catéchiste Annemarie Sellin et de l'étudiant en droit Dankward Sellin. Au début, l'enfant se développe tout à fait normalement, et aucun indice comportemental ne laisse augurer d'une déficience psychique. Birger est au contraire un enfant réceptif, gai et très aimé, qui commence à parler très tôt.

En octobre 1974, ses parents tentent pour la première fois de l'emmener au jardin d'enfants. Pour s'habituer, Birger ne doit rester que deux heures par matinée dans cet établissement. Quand ses parents viennent le chercher à midi, il hurle « comme si on l'avait écorché vif » (selon sa mère) et il est très difficile à calmer. Le lendemain, son comportement est identique, si bien que ses parents décident de garder définitivement leur enfant à la maison.

Un peu plus tard, Birger tombe malade. Pendant des semaines, il souffre d'otites et de vomissements à répétition. Trois mois plus tard, la maladie paraît enrayée, mais Birger est devenu un être différent. Après chaque sieste, il crie ; il hurle dès qu'il doit quitter la maison et il manifeste une peur panique face aux enfants. En même temps, son sens de la parole commence à s'atténuer. Birger n'arrive plus guère qu'à balbutier quelques mots. Son vocabulaire se réduit tous les jours un peu plus jusqu'à disparaître totalement. Il ne réagit plus face à ses parents et évite tout contact visuel. Sans pouvoir l'aider, son père et sa mère observent à quel point leur enfant se replie sur lui-même et comment il implose littéralement.

Cependant, le premier médecin que les parents de Birger consultent n'y voit aucune cause d'inquiétude : il s'agit, pour lui, d'une perturbation du développement. Et pourtant, cette « perturbation » se prolonge. Les parents consultent d'autres médecins. La tête de Birger est examinée minutieusement, elle est radiographiée, tomographiée, sans résultat.

Sur recommandation, Annemarie et Dankward Sellin conduisent leur fils, en octobre 1975, pour des examens à l'hôpital psychiatrique pour enfants et adolescents de Berlin. On leur apprend que Birger doit y rester pendant six semaines afin de subir un traitement. Après bien des hésitations, ses parents acceptent — « une très grave erreur », pense aujourd'hui Dankward Sellin. Les six semaines prévues se transforment en six mois. On les fait attendre : Birger « n'y est pas encore ». On leur fait miroiter une guérison.

On leur pose la question cynique : « Que comptez-vous faire d'autre avec votre fils ? » Ce qui explique pourquoi ses parents en viennent à accepter toujours d'autres prolongations du traitement. Lors de leur visite quotidienne, Birger paraît totalement apathique mais, dit sa mère, « il semble content qu'on soit venus ». Le traitement n'apporte aucune amélioration. Le seul résultat tangible de cette thérapie de six mois est un rapport médical portant ce diagnostic absurde, selon lequel Birger souffre « probablement » d'un « retard postencéphalitique » (régression due à une inflammation des cellules cérébrales).

Ses parents sont de plus en plus désemparés. Des semaines entières ils restent chez eux auprès de leur fils incapable de communiquer. Celui-ci, apathique, reste assis dans sa chambre, balance sans cesse son buste d'avant en arrière et ne réagit à rien.

Finalement, un jardin d'enfants spécialisé dans l'intégration des enfants handicapés physiques, situé à Berlin-Friedenau, accepte Birger bien qu'il ne corresponde pas tout à fait à l'aspect clinique qui y est traité. Un jour, ses parents observent d'autres enfants qui tentent de faire parler Birger en le titillant avec des bâtons. « Sa carapace a dû s'épaissir au fur et à mesure », commente Annemarie Sellin.

Son séjour au jardin d'enfants de Friedenau apporte toutefois une lueur d'espoir : Birger identifie en quelques secondes les images contenues dans les cartes d'un jeu de mémoire et prouve ainsi qu'il a conservé l'usage de toutes ses capacités cognitives. A la maison, il passe maintenant la majeure partie de son temps à feuilleter de façon stéréotypée des livres qu'il emprunte dans la bibliothèque de ses parents. Il vit entouré de livres qu'il feuillette de manière saccadée en les cornant, allant parfois jusqu'à les réduire en miettes. Parfois, ses parents ont l'impression qu'il s'emmure carrément derrière des piles de livres. Et, lorsqu'il remplace les livres par des cubes, il érige de véritables murs autour de lui.

Quand Birger atteint l'âge de quatre ans et demi, une psychologue, amie de ses parents, leur conseille de faire faire un bilan au centre hospitalier de l'Université libre de Berlin. C'est là que, pour la première fois, on leur parle d'« autisme » — une maladie presque inconnue à cette époque en Allemagne. Le diagnostic « autisme infantile » signifie que la maladie est probablement incurable.

Cette découverte modifie définitivement et substantiellement la vie d'Annemarie et de Dankward Sellin. La carrière professionnelle, les vacances, les soirées chez des amis sont devenues autant d'éléments auxquels l'un des deux parents au moins doit renoncer. Birger ne sera jamais un petit garçon normal que l'on peut laisser seul ou envoyer jouer avec d'autres enfants.

A cette époque se crée à Berlin l'association Aide à l'enfance autiste. Margard Breinlinger, la psychologue qui travaillait au sein de cette association, entre dans la vie de Birger. Elle est, selon sa mère, « le premier être humain à lui manifester de la compréhension ». Le garçon est accepté dans un centre d'accueil d'une association où il apprend à manger seul, à s'habiller, à se brosser les dents et à aller seul aux toilettes. C'est la première fois que ses parents ont l'impression que leur enfant est bien encadré. Birger tombe moins souvent malade, il ne hurle plus quand ses parents le conduisent à l'établissement et il donne l'impression de s'y sentir bien.

Au cours des années suivantes, Birger passe par les six établissements successifs de cette association où l'on s'occupe de lui de 9 heures à 15 heures. Petit à petit il y acquiert une relative autonomie ; ses parents arrivent à l'emmener faire des promenades ou des courses. Birger réussit même à s'acquitter de quelques petites tâches domestiques. Il continue cependant à ne prononcer aucun mot et en reste toujours au stade de la petite enfance. Ses manipulations inconscientes de livres font place à une autre forme de stéréotypie devenant au fur et à mesure son occupation préférée : pendant des heures, sans fin, il fait glisser des billes et des perles de verre entre ses doigts. Il est capable de s'adonner à cette activité avec la même intensité dans un jardin que sur une aire de jeux, remplaçant les billes par du sable qu'il laisse ruisseler entre ses doigts.

Le lieu de prédilection de Birger est le salon de ses parents ; il s'installe sous la table des repas, où il se sent apparemment mieux protégé. En dehors du fait qu'il ne montre aucun signe de développement mental, il ne pose presque plus de problèmes à ses parents : ce garçon s'est adapté à son contexte, au point de passer inaperçu. Birger ne réagit pas davantage à la présence de visiteurs. Lorsque, par exemple, Annemarie Sellin reçoit ses condisciples (elle a repris des études de psychologie de 1977 à 1982 à l'Université libre de Berlin), Birger reste pendant des heures sous la table, sans se faire remarquer, à jouer avec ses billes. A six ans, ses parents l'ont même emmené avec eux en vacances en Crète sans qu'il crée la moindre difficulté.

Que Birger demeure obstinément fermé à toute

évolution représente un casse-tête même pour les thérapeutes du foyer. Il les oblige constamment à recommencer à zéro leur thérapie. Quelques menus progrès — lorsque par exemple il arrive à retracer un trait ou à construire une tour avec des cubes — sont considérés comme des succès. Le désintérêt complet de Birger pour ces cours sera interprété comme une incapacité à les suivre, et les professeurs par conséquent passent leur temps à en abaisser le niveau.

Les parents ont cependant parfois l'impression que leur fils les observe et les comprend. L'idée qu'une intelligence puisse se cacher dans cet être étrange et qui a « fermé les écoutilles » est née de sa relation avec ses billes. Bien qu'il possède des centaines de billes et de perles de verre, il suffit qu'une seule d'entre elles manque pour qu'il semble s'en apercevoir : il s'agite et se met à sa recherche. Ce sont également les billes qui déclenchèrent la seule phrase que Birger ait prononcée. Un jour, pour plaisanter, son père Dankward lui en subtilisa une, sur quoi Birger le somma distinctement : « Rends-moi ma boule ! » Dankward Sellin en resta stupéfait, tandis que sa femme accourut de la pièce voisine en poussant un cri. Pendant les jours suivants, les parents eurent beau insister auprès de leur fils pour lui faire dire quelque chose : en vain. Ce sera son unique phrase dans un silence qui durera des années.

L'AUTISME. LA VIE INTÉRIEURE

Nos schémas de pensée habituels ne nous permettent pour ainsi dire pas d'appréhender ce qui se passe dans le monde d'un autiste. Notre pensée suit, depuis notre plus tendre enfance, un processus d'évolution et d'adaptation que les autistes ne pourront jamais connaître. A ce jour, les raisons en sont inconnues. Deux éléments cependant paraissent évidents : l'autisme est le résultat de l'échec d'un processus d'adaptation et il est une forme de repli sur soi.

On peut présumer que notre vie considérée comme normale apparaît aux autistes comme chaotique et imprévisible. Ils se sentent menacés par ce chaos. Selon le degré de leur handicap, les autistes sont incapables de hiérarchiser les perceptions ; il leur manque le filtre qui leur permettrait de faire la part des perceptions extérieures essentielles et des perceptions non essentielles. Le monde extérieur se rue avec une force inouïe sur l'autiste. Les mots prononcés devant lui sont captés « comme un train de marchandises déboulant à grande vitesse », explique par exemple une autiste américaine socialisée (je remplace volontairement par ce terme le mot « guéri », terme hasardeux et pas tout à fait juste). Devant une telle flambée d'impressions, un enfant autiste ne peut s'échapper que par la création précoce de mécanismes l'aidant à ignorer autant que possible le monde extérieur. « L'enfant autiste manifeste un défaitisme extrême par rapport à sa capacité de gérer l'environnement. Ses agissements, plutôt que d'engendrer des résultats, ne peuvent aboutir qu'à une chose : empêcher ceux-ci de se produire », explique le psychanalyste Bruno Bettelheim.

Le retrait derrière le bouclier du moi est automatiquement lié à la perte de toute capacité de communication. L'apprentissage élémentaire de l'environnement par l'exploration et le jeu est rendu presque impossible à un enfant autiste ; il découvre son environnement avec une lenteur excessive et à l'intérieur d'un périmètre rigoureusement délimité. En général, ces enfants ne réagissent nullement au contact humain et ils fuient celui du regard. Apparemment incapables d'apprendre, ils restent figés à des niveaux de socialisation primaires. Le processus de socialisation que subit inconsciemment et automatiquement l'homme normal demeure fermé aux autistes du fait d'une assimilation réduite de l'information.

Les enfants autistes sont incapables d'interpréter le comportement de leur entourage parce que cela n'a *aucun sens* pour eux... Il leur est quasiment impossible d'identifier un contexte causal pratique. L'environnement leur apparaît par conséquent étrange et menaçant. Aussi, le fait d'en percevoir le moins possible et d'y passer inaperçu semble être l'objectif principal de tout enfant autiste. La plupart des autistes ressentent une angoisse proche de la panique dès que leur contexte environnemental subit des modifications qu'ils ne peuvent pas expliquer. J'utilise parallèlement les termes d'« autiste » et d'« enfant autiste » puisque la plupart des autistes diagnostiqués sont des enfants ou des adolescents. En effet, le syndrome autiste n'est connu en Allemagne que depuis peu de temps, et beaucoup d'autistes adultes végètent dans des institutions psychiatriques sous un diagnostic différent. D'autres autistes adultes sont pris en charge depuis des années chez eux par leurs parents, et il arrive même que les parents continuent à désigner ces membres adultes de la famille, à cause de leur comportement infantile, comme leurs « enfants ».

En réaction à cette expérience du chaos, les autistes se créent un monde à eux, fortement ritualisé. Étant donné leur capacité à développer leur propre individualité de façon autonome, leurs rites sont souvent très diversifiés. Ils n'ont en commun qu'un objectif : se réfugier en cas de besoin dans des systèmes de sécurité intérieure, sorte d'îles où règne l'ordre (ce besoin existe pratiquement toujours). Ce qui inclut diverses formes de stéréotypies telles que, par exemple, la répétition constante d'un geste garantissant un minimum de sécurité évaluable.

Avec l'apathie totale et l'introversion poussée à l'extrême, les stéréotypies sont l'un des signes les plus apparents de l'état autistique. Ces comportements énigmatiques sont quasiment les seuls signaux émis par les autistes. Leur aspect primitif a été et est encore souvent mal interprété et sert de base à l'appréciation de l'intelligence de la personne concernée. Grave erreur ! Ce comportement en apparence insensé n'est autre qu'un effort d'adaptation tout à fait particulier.

Si cet effort n'aboutit pas à l'intégration dans la société des autres, telle que l'adaptation « normale » de l'être à son environnement, il fait fonction toutefois de solution alternative parfaitement sensée. Les stéréotypies sont une sorte de bastion avancé devant le rempart autiste ; ils forment l'élément central d'un « système d'esquive », pour reprendre les termes des comportementalistes Élisabeth et Niko Tinbergen.

Du point de vue du spectateur « normal », pourtant, ces actes répétitifs paraissent passablement fous. Pour vous en donner une idée, je vous décrirai mes premières impressions lors de ma visite au foyer des jeunes autistes : une fille se tenait debout devant un mur, balançant avec de grands gestes son buste d'un côté et de l'autre ; ses bras étaient croisés dans son dos, et à chaque mouvement elle pesait de tout son poids sur sa seule jambe de soutien. Une autre fille faisait tourner un ballon devant elle comme une toupie, se levait à plusieurs reprises et jetait le ballon de toutes ses forces sur le sol. Un garçon était confortablement assis à même le sol et regardait le plafond, la tête légèrement inclinée, tout en modifiant de temps à autre l'angle d'inclinaison de sa tête. Et, entre ces trois jeunes autistes, se trouvait Birger, assis par terre, jouant avec ses billes.

D'autres stéréotypies autistes très fréquentes sont, notamment, la rotation ininterrompue sur place, la marche permanente d'avant en arrière, le balancement des jambes, le va-et-vient en se roulant par terre, le fait d'agiter ou de faire « tourniquer » constamment des objets. Tous ces gestes sont accomplis avec une passion et un oubli de soi presque maniaques. L'autiste australienne Donna Williams[1] décrit cet état : « J'ai d'abord appris "à me perdre dans tout". » Ces mouvements stéréotypés représentent de toute évidence un acte vital.

Également communs à beaucoup d'autistes sont le maintien et la répétition stéréotypés de comportements et de « mauvaises habitudes » infantiles comme de répandre de la nourriture partout, de jouer avec l'eau dans la salle de bains ou d'allumer et d'éteindre sans cesse des lampes. Les autistes capables de parler se font en outre remarquer par des stéréotypies linguistiques appelées écholalies. Ils répètent sans arrêt les mêmes paroles ou reprennent simplement ce qu'on leur dit. La fille du foyer qui jouait au ballon est venue vers moi pour me demander mon nom. Dès que je me suis présenté, elle s'est éloignée en répétant comme en écho : « Michael — Michael — Michael... » Même chez les autistes qui parlent, les couches de conscience plus profondes restent cachées. Le langage protège leur mental au lieu de l'ouvrir.

Le silence en revanche — il faut savoir qu'au moins un autiste sur trois reste muet — représente une autoprotection bien plus solide. On n'exclut pas que même les autistes muets aient la capacité de parler. Mais pour en faire quoi ? Élisabeth et Niko Tinbergen, qui ont étudié ces enfants pendant des années, expliquent qu'« un enfant autiste, à cause de son angoisse anormale ou de la répression de son sens du contact social, ne parle pas parce qu'il ne *veut* pas parler. Étant donné que le langage est une forme de contact social, il nous

1. *Si on me touche, je n'existe plus*, Robert Laffont, coll. « Vécu », 1992.

paraît évident que la faculté de parler doit être bloquée dès lors que tout le système du comportement social est réprimé. »

On pense également que les stéréotypies représentent non seulement une protection, mais qu'elles sont en outre l'expression extériorisée d'un conflit intérieur. Le neurologue américain Carl H. Delacato définit les gestes rituels comme des « appels au secours désespérés... lancés en permanence ». Ainsi a-t-on pu observer que l'intensité des stéréotypies augmentait proportionnellement avec l'accroissement du danger perçu par l'autiste. Élisabeth et Niko Tinbergen croient voir derrière ces stéréotypies un conflit constant de motivation : l'autiste veut agir, mais ne s'en sent pas capable et il recule. L'état latent d'incertitude se trouve canalisé vers l'extérieur par ces stéréotypies.

Cette forme de réaction à une situation conflictuelle ou angoissante n'a d'ailleurs rien d'extraordinaire. Des animaux en captivité répètent, par exemple, toujours les mêmes mouvements. Leur présence réelle dans la cage déclenche donc une réaction tout à fait comparable à celle de l'autiste : ce qui nous permet d'en déduire que la situation présente apparemment des similitudes.

Même nous, « êtres normaux », réagissons à certaines situations de stress par des stéréotypies : nous nous grattons la tête, nous nous mordons les lèvres, nous agitons des objets sans raison apparente, nous tirons nerveusement sur nos cheveux, faisons les cent pas dans la pièce, etc. Contrairement à l'autiste, incapable de résoudre son conflit et qui y reste bloqué, ces stéréotypies passagères sont débloquées par des actes précis de communication : tandis que l'autiste, dans un cas extrême, s'arrachera les cheveux ou se mordra les doigts faute d'autres moyens, nous, nous « en venons au fait ».

La présentation d'un environnement toujours identique et le respect d'un emploi du temps régulier font également partie de ces schémas fondamentaux du comportement stéréotypé autiste. Pour peu que ce rythme journalier se trouve modifié sans préparation ou que surgisse un événement ressenti comme menaçant, les autistes réagiront souvent par la panique. Le chaos menace de les engloutir. Ils y réagissent en « perdant la tête », par des autoagressions et également (quoique bien moins souvent) par des agressions envers autrui. Ces autoagressions, accompagnées de blessures épouvantables que certains autistes s'infligent, ont également contribué à l'aspect grotesque, inquiétant de ce handicap. Si on admet, en revanche, que les autistes se sentent constamment menacés et qu'une seule goutte peut faire déborder le vase, et que, par ailleurs, ils croient ne pas pouvoir influer sur leur environnement, de tels agissements deviennent plus compréhensibles.

Le comportement agressif ou autodestructeur des autistes est en général un signe de difficulté extrême. Leur attitude agressive correspond alors à celle d'un animal poussé dans ses retranchements (le geste typique, dans ce contexte, sera de se débattre violemment sans raison apparente). L'autoagression en soi n'est rien d'autre qu'une agression déviée : étant donné que l'autiste n'ose pas agresser une autre personne ou un objet ressenti comme menaçant, il dirige la démonstration incontrôlée de son désespoir contre lui-même.

Toutefois, ce n'est pas seulement à des menaces que

les autistes réagissent par des attaques féroces contre eux-mêmes. Le simple fait de se sentir humilié ou incompris risque également d'entraîner de telles crises : ils ne disposent d'aucun autre moyen pour extérioriser leur mécontentement. Et certains autistes s'infligent des douleurs afin de confirmer leur perception d'eux-mêmes. Donna Williams [1] décrit cet acte d'autoagression comme la tentative de « vérifier qu'on existe réellement. Étant donné qu'aucun autre être humain ne peut être perçu directement puisque toutes les sensations se trouvent bloquées par une sorte de contrôle mental, on peut se demander si on existe vraiment. » Ces « vérifications » sont cependant dépourvues de gestes agressifs, même si l'observateur les perçoit comme brutaux (lorsque l'autiste se griffe jusqu'au sang) : ces agissements ne sont pas déclenchés par l'angoisse.

Malgré leur faible socialisation et leur comportement infantile, il n'est pas rare de trouver des autistes ayant des facultés intellectuelles extrêmement développées. Souvent il s'agit même de dons très pointus, par exemple dans le domaine des mathématiques ou dans celui de la mémorisation. Les autistes sont tout à fait capables d'apprendre les choses les plus variées, en contradiction apparente avec tout ce qui a été dit jusqu'à maintenant. Cette coexistence entre la déficience superficielle, allant jusqu'à la débilité d'un côté et la vie intellectuelle autonome de l'autre, est l'une des énigmes que la psychologie comportementale n'a pu élucider à ce jour.

Évidemment, il faut établir des différences, car tous

1. *Op. cit.*

les autistes ne disposent pas de capacités exceptionnelles, et rien ne serait plus faux que de vouloir donner d'eux une image idéalisée... Et le degré du handicap autistique diffère selon chacun, ce qui rend impossible l'établissement de barèmes de comparaison. Mais le constat d'une revue professionnelle anglaise affirmant, en 1989, que 60 % de tous les malades autistes auraient un QI inférieur à 50 et feraient partie des handicapés mentaux est grotesque. Comment pourrait-on mesurer le QI d'un être qui est incapable, ou presque, de communiquer avec la personne qui réalise le test ?

Il est intéressant de constater que les autistes apprennent presque exclusivement des choses qui n'ont aucun rapport avec leur attitude sociale déréglée et qui ne nécessitent aucune aide. Là aussi on peut observer l'obsession des systèmes : ainsi leur occupation consacrée à des objets systémiques et abstraits, tels que les chiffres, leur est non seulement accessible, mais paraît même leur être indispensable pour des raisons de sécurité intérieure. De même que l'autiste le plus intelligent maintiendra certaines stéréotypies corporelles, l'apprentissage et la récapitulation permanente de schémas de pensée clos lui fourniront une certaine forme de sécurité. Les systèmes scientifiques sont, comme chacun sait, des contre-modèles du chaos. L'état autiste pourrait être décrit comme une quête désespérée d'ordre et de régularité [1]. Il en résulte en

1. J'ajouterai ici une remarque fort intéressante : on m'a parlé de deux cas d'« anciens » autistes, c'est-à-dire intégrés aujourd'hui dans la vie normale, qui ont même pu passer leur permis de conduire. Fait étonnant dans la mesure où l'on sait qu'ils ne peuvent jamais être guéris à 100 %. Mais l'explication à cette énigme est très simple : la circulation fonctionne *selon des règles* qui les obligent à prévoir leurs actes et à échapper ainsi au chaos absolu.

tout cas ce phénomène difficile à appréhender par un homme normal : certains autistes semblent plus aptes à comprendre avec facilité et logique le système des mathématiques ou de la musique, alors que faire les courses dans un supermarché équivaut, pour eux, à se frayer un chemin à travers le chaos. Nous ne prêtons guère attention à la complexité du monde extérieur : si croiser cent ou deux cents voitures en allant au supermarché n'a pas plus d'importance pour nous que leur couleur ou le nombre de marques de chocolat en rayon, certains autistes, en revanche, sont pris de panique en découvrant un trop grand choix de denrées ou d'objets inconnus sur leur plateau du petit déjeuner.

Pourtant, la capacité perceptive d'un grand nombre d'autistes est colossale. Dans les années soixante, on a beaucoup parlé de jumeaux autistes américains qui possédaient une mémoire incroyable pour les chiffres. Ils se lançaient des nombres de dix à vingt chiffres comme d'autres enfants des balles de tennis ; et, à l'occasion d'une sorte de jeu de questions/réponses, ils se faisaient remarquer par leur aptitude à trouver, en quelques secondes, le jour exact de la semaine correspondant à telle ou telle date sur quarante mille années passées ou futures. Mais, comme ces jumeaux étaient incapables de faire la moindre division, on en conclut qu'ils disposaient d'une mémoire dite eidétique (= photographique) et qu'ils « voyaient » pour ainsi dire les chiffres. Dans le film *Rain Man* qui, malgré son aspect mélodramatique, a fait prendre conscience du phénomène autistique à un large public, le personnage principal, un autiste joué par Dustin Hoffmann, connaît par cœur tout l'annuaire téléphonique d'une ville. Il ne s'agit nullement d'une exagération cinématographique : il n'est pas rare que des autistes « enregistrent » des dictionnaires, de la littérature spécialisée, des plans de ville, etc. Le professeur Hans Kehrer, de l'Institut de recherches sur l'autisme (Münster), rapporte le cas d'un autiste qui ne savait pas lire l'heure mais dont les connaissances en physiologie cérébrale dépassaient celles de son psychologue. D'autres autistes disposent de fantastiques aptitudes à retenir des images et sont capables de reproduire par le dessin les détails les plus invraisemblables résultant de leurs observations. La psychiatrie a créé pour ces êtres le terme peu flatteur d'« idiot savant [1] ».

La vie intellectuelle autonome de beaucoup d'autistes ne change rien au fait qu'ils considèrent leur existence comme menacée en permanence. Peut-être fautil s'imaginer l'état mental d'un autiste comme un mélange de stress permanent et d'ennui mortel où l'angoisse incessante engendre ce stress. Bruno Bettelheim suppose que cette angoisse s'apparente « en intensité, à l'angoisse précédant la mort ». Bettelheim [2], qui, en tant que Juif, s'est retrouvé dans deux camps de concentration allemands, compare la situation des autistes à celle des prisonniers des camps. Sa comparaison se fonde surtout sur l'analyse des prisonniers ne montrant plus aucune réaction face à un environnement hostile à leur existence et sombrant dans une totale apathie. Comme les prisonniers de ces camps, les autistes, selon Bettelheim, se trouvent dans

1. En français dans le texte. *(N.d.T.)*

2. *Survivre*, Robert Laffont, coll. « Réponses » ; *Le Cœur conscient*, Robert Laffont, coll. « Réponses » ; *Le Poids d'une vie*, Robert Laffont, coll. « Réponses ».

une « situation extrême » marquée par les éléments suivants : elle se produit de manière inéluctable ; elle est d'une durée indéterminée ; elle représente une menace existentielle constante (réelle ou fictive) ; elle fait ressentir tout événement à venir comme imprévisible, tout en incluant l'incapacité absolue d'entreprendre quoi que ce soit.

Cette comparaison peut paraître trop construite. Elle illustre cependant clairement que l'autisme est un handicap dont les dimensions épouvantables pour les personnes concernées nous échappent totalement. Nous ne pouvons qu'évaluer le nombre d'autistes qui, sans être reconnus comme tels, ont dû (et doivent toujours !) passer leur vie dans des hôpitaux psychiatriques, attachés, gavés de médicaments ou carrément enfermés avant que la spécificité de leur syndrome ne soit à peu près reconnue et traitée.

L'AUTISME. LES THÉORIES

Dans le chapitre précédent, j'ai essayé de donner un aperçu de la vie intérieure d'un autiste. Je n'ai pu aller au-delà d'une description de son état, vu de l'extérieur et à partir d'un certain nombre de suppositions. Mais une question continue à me hanter : Qu'est-ce que l'autisme ?

Le terme vient du mot grec *autos* : « soi-même ». On peut donc traduire le terme d'autisme par « repli sur soi » ou « être centré sur soi (égocentrisme) ». Dans les encyclopédies anciennes, l'autisme se trouve encore expliqué par des termes tels que « rêve éveillé » ou « maladie mentale accompagnée d'hallucinations ». Dans les encyclopédies les plus récentes, telle que la dernière édition du *Brockhaus*[1], il est écrit que l'autisme est un « terme introduit en psychiatrie par E. Bleuler en 1911 pour décrire des perturbations psychotiques (en général schizophréniques) de la personnalité qui se manifestent par un égocentrisme extrême

1. Le *Brockhaus* est considéré comme le dictionnaire encyclopédique le plus complet de la langue allemande. *(N.d.T.)*

et un total repli sur soi ainsi que par un mode de penser et de verbalisation marqué par des éléments fantastico-oniriques, de libres associations et un fort contenu affectivo-impulsif dans la pensée et la verbalisation (langage autiste), s'étendant plus tard également à des types de comportement analogues non psychotiques ». Et, un peu plus loin, on y lit que l'autisme infantile est « une forme de dysfonctionnement du développement de la petite enfance considéré comme inné et se manifestant déjà au cours de la première année... Parmi les symptômes, un renfermement anormal, un refus d'affection, l'angoisse du changement dans un contexte environnemental, l'absence d'évolution de la parole ou le retard ou la perturbation de celle-ci, ce qui veut dire que les enfants autistes, malgré leur intelligence souvent normale, sont handicapés par rapport à leurs congénères... L'une des causes probables de l'autisme semble être un dysfonctionnement de l'assimilation des perceptions, provoqué par des altérations organiques dans le cerveau. »

Cette dernière phrase sur les causes de ce handicap est tout à fait significative. On passe de « probablement » à « une des causes » ou à l'origine « supposée », preuve que la recherche sur ces causes n'a pas encore beaucoup progressé. Et, aspect bien plus important encore pour ceux qui sont concernés, la thérapie — à ses débuts — tâtonne encore. Niko et Elisabeth Tinbergen ont constaté, dès 1984, que, en ce qui concerne l'autisme, il existe « un ensemble de faits incohérents sans le moindre fondement théorique ». Et malgré le cumul des explications la situation en est toujours au statu quo. La thérapeute de Birger, déjà citée, la psychologue berlinoise Margard Breinlinger, constate : « Plus on s'intéresse à l'autisme, plus l'image devient floue. »

Récapitulons brièvement quelques-unes des étapes de l'histoire des recherches sur l'autisme. En 1943, l'Américain Leo Kanner est le premier psychiatre pour enfants à faire une description fondamentale — bien qu'elle fût complétée au fur et à mesure — des symptômes évoqués précédemment. Cependant, partant du principe selon lequel ce handicap pouvait être déclenché par des influences négatives au sein du foyer familial, Kanner ouvrait la porte à une sinistre démarche : nombre de parents d'enfants autistes ont été affublés du qualificatif de « parents frigos » et ont souffert de ce préjugé pendant des décennies. La recherche psychanalytique s'est emparée de cette thèse dont Bruno Bettelheim, surtout, s'est fait le porte-parole. Bruno Bettelheim souligne l'immense importance du vécu de la petite enfance qui permet d'influencer le comportement de l'environnement par ces premiers gestes de communication. Une absence de réaction permanente de la part de la mère (ou des parents) aux demandes du bébé engendre, selon Bruno Bettelheim, des conséquences psychiques dévastatrices : le nourrisson réagit, dit-il, par la frustration et commence à s'isoler. La disposition autiste, postule ensuite Bruno Bettelheim, « se fonde sur la conviction que ses propres efforts ne peuvent pas influencer le monde, et cette conviction repose à son tour sur la conviction antérieure que le monde réagit avec froideur à ses réactions ». Autrement dit : la faute incombe aux parents. Si, de plus, la mère réagit de façon « erronée » aux désirs du bébé en faisant des choses que l'enfant ne réclame pas, tout se transforme, selon Bettelheim, en menace. (C'est dans ce contexte également que se situe l'hypothèse selon laquelle l'enfant refuserait le sein maternel s'il est incorrectement présenté, par peur d'étouffer.) La réaction du nourrisson met une fin absolue à toute communication à cause de la conviction que chaque acte déclenche pour lui des « conséquences catastrophiques ».

Pour Bettelheim encore, les enfants autistes vivent la tragédie de Hänsel et Gretel : la mère qui les rejette se transforme, dans leur imagination, en sorcière dévoreuse devant laquelle les enfants se figent en autant de personnages autistes en pain d'épice. Impuissants, ils sont exposés au danger permanent que représente la sorcière. Cette théorie des « mères de glace », qui, selon Bernard Rimland, directeur de l'Autism Research Institute de San Diego (USA), « a dominé pendant presque un demi-siècle aux États-Unis la psychiatrie de l'enfance et a cours encore de nos jours dans quelques pays européens, n'a jamais encore guéri un enfant autiste, mais a enrichi un grand nombre de psychologues pour enfants, détruit nombre de couples et déclenché quelques suicides ». Aujourd'hui, le modèle psychanalytique de l'autisme est plutôt rejeté. En fait, cette conception qui fait de l'homme la caricature d'une feuille livrée à la tempête des influences de la petite enfance a perdu du terrain par rapport aux découvertes issues de la recherche empirique.

Au début des années soixante-dix, le psychologue américain Carl H. Delacato développa un autre modèle et une autre approche thérapeutique. Delacato aborda le phénomène avec une grande prudence et définit le syndrome autiste comme la « perturbation la plus complexe qui soit, la plus bizarre et la moins influençable, ouvrant la porte à un très grand nombre d'erreurs ». En observant les enfants autistes, il découvrit des parallèles avec des enfants aveugles ou sourds. Eux aussi accomplissent des actes stéréotypés, toujours *en rapport avec le sens perturbé* (les sourds par exemple font beaucoup de bruit et heurtent des objets ; les aveugles agitent divers objets devant leurs yeux). Delacato se posa donc la question de savoir pourquoi ces enfants agissent ainsi. S'agit-il de tentatives pour s'auto-aider ? « Si c'est le cas, résume-t-il, l'enfant autiste nous dit qu'il souffre d'un dysfonctionnement de perception. »

Delacato développa la thèse selon laquelle les enfants autistes souffrent d'une lésion cérébrale. Il leur manquerait le lien entre l'un des cinq sens et le cerveau, ce qui les pousserait à tenter sans cesse d'activer ce sens. Ce qui expliquerait également le pourquoi des blessures que certains s'infligent, sans douleur apparente. Delacato écrit : « Leur étrange comportement serait une tentative pour normaliser le conduit sensoriel par des répétitions fréquentes de stimuli. » Et : « Les gestes rituels contiennent un dramatique appel au secours. »

De ses observations, Delacato tire la conclusion que l'autisme est en définitive du « sensorisme ». Sa thérapie consiste à essayer de normaliser les conduits sensoriels perturbés : ramener les hyper- et les hyporéactions de l'autiste à un stade normal. Même si cette démarche théorique a donné quelques bons résultats thérapeutiques, l'énigme autiste persiste puisque la description de Delacato ne concerne qu'un petit nombre d'enfants.

Une autre tentative d'explication est due à Elisabeth et Niko Tinbergen. Ces chercheurs en matière de comportement comparatif partent du principe qu'« il n'y a aucun espoir de comprendre, sur un plan scientifique, l'autisme ou d'autres formes de comportement humain si l'adaptation fonctionnelle n'est pas reconnue comme principe essentiel de tous les êtres vivants ». Grâce à leurs observations des enfants autistes, Elisabeth et Niko Tinbergen sont parvenus à la conclusion que ceux-ci « vivent presque sans interruption dans un conflit émotionnel ou de motivation dans lequel le désir de s'esquiver — d'où *angoisse* — joue un rôle prédominant ». Pour ces deux chercheurs, les causes de l'autisme ne sont pas des déficiences génétiques ou organiques, mais un dysfonctionnement de l'équilibre émotionnel dû à l'angoisse. Ce dysfonctionnement serait de nature psychogène et lié au milieu. Les Tinbergen pensent qu'un « profond dysfonctionnement fonctionnel, qui nous semble être de nature émotionnelle, bloque le déploiement d'un appareil comportemental a priori sain ». Et d'ajouter : « Le comportement autiste correspond tout à fait à l'idée d'un conflit de motivations dominé essentiellement par l'angoisse. Ce conflit oblige les enfants à effectuer les mouvements caractéristiques des animaux mis dans des situations analogues. L'aberration de tant de comportements autistes est donc issue de formalisations diverses, d'un retard généralisé dans le développement, et aussi de la ruse grâce à laquelle ces enfants savent éviter les rencontres avec d'autres humains...

Leur comportement n'est pas insensé — il semble l'être parce que nous ne le comprenons pas. »

Elisabeth et Niko Tinbergen indiquent un ensemble de conditions pouvant éventuellement déclencher l'autisme chez le tout petit enfant : ces conditions vont de complications au moment de la naissance, de la séparation d'avec la mère, de problèmes liés au milieu social à un séjour prolongé à l'hôpital, à un manque d'habitudes régulières dans le déroulement de la journée jusqu'aux dysfonctionnements primaires pouvant engendrer l'autisme (surdité, épilepsie). Le « retard » survenu parfois chez certains enfants à la suite d'expériences personnelles marquantes est au départ un processus tout à fait comparable. Les enfants autistes cependant subissent ensuite une « spirale descendante » marquée par une absence de compréhension entre les parents et l'enfant, ce qui les pousse inévitablement, du fait de ce malentendu réciproque et toujours croissant, dans les griffes de l'autisme. (Les parents désespérés multiplient leurs offres de contact que l'enfant refuse avec de plus en plus de véhémence.) Les Tinbergen proposent donc comme démarche thérapeutique une sorte de « spirale ascendante » visant à rétablir la capacité relationnelle socialc des enfants par la création d'un sentiment de sécurité et de confiance.

Parmi les méthodes de traitement conseillées par le prix Nobel Niko Tinbergen, il y a la fameuse et très controversée thérapie du *holding*[1], découverte par

1. Le terme *holding*, créé par Winnicott, indique le fait de protéger un petit enfant contre lui-même et l'environnement pour qu'il trouve ainsi la chaleur, la sécurité et la liberté nécessaires à son développement. *(N.d.T.)*

Martha Welch, une pédopsychiatre new-yorkaise. Comme son nom l'indique, cette thérapie consiste simplement à tenir l'enfant de force dans les bras — en général ceux de sa mère ; pour l'autiste, cette thérapie ressemble à un tremblement de terre ! On pense ainsi pouvoir abattre le mur que l'enfant a dressé entre lui et son environnement ; on veut montrer à l'enfant qu'un contact physique est possible et qu'il engendre une sensation de protection. Les adversaires de cette technique considèrent au contraire le fait de retenir quelqu'un de force comme inhumain et comme un acte proche du viol. (Une description détaillée de cette thérapie est donnée dans l'ouvrage de Jirina Prekop, *Hättest du mich festgehalten...* [1] (Ed. Kösel, 1989).

J'insiste ici également sur un aspect déjà évoqué chez Delacato. Niko et Elisabeth Tinbergen pensent que l'autisme est une « maladie de la civilisation ». « De plus en plus d'enfants, écrivent-ils, grandissent dans des conditions dépassant leurs capacités d'adaptation. » « Chez les sauvages, on ne rencontre jamais d'enfants autistes », constate également Delacato. (Certains opposants à cette idée soulignent que l'autisme a toujours existé, mais qu'il n'était pas reconnu ou mal diagnostiqué jusqu'à la deuxième moitié de notre siècle.) Les Tinbergen présument que ce sont surtout des enfants sensibles, subtils et intelligents qui risquent d'être touchés par ce mal ; se sentant incompris de leur environnement, ils se replient et s'isolent intérieurement. Cela signifierait qu'un grand nombre d'enfants autistes ne serait qu'un groupe de malheureux doués, isolés très tôt, débordés par des

1. *Si tu m'avais retenu...*

exigences d'adaptation trop grandes et amenés ainsi à développer des comportements douteux. Depuis la lecture des textes de Birger, cette idée ne me semble pas si aberrante.

Les trois théories que je viens de citer ne sont que des exemples parmi d'autres. Mais elles sont représentatives, puisqu'elles incluent les deux « écoles » qui expliquent l'autisme soit par des dysfonctionnements cérébraux organiques et génétiques, soit par des problèmes psychiques. Il semble pourtant que les représentants de la première école avaient, pour le moment, pris le dessus.

Cette querelle de scientifiques qui perdure démontre que l'autisme représente un phénomène difficile à définir et à délimiter. Il n'y a séparation nette ni entre l'autisme et le handicap mental ni entre les causes et les effets. La conséquence en est souvent que l'autisme n'est pas reconnu en tant que tel et que les diagnostics initiaux se nomment schizophrénie, retard mental, soupçon de lésion cérébrale, paralysie spastique ou même surdité. D'autres divergences concernent une éventuelle guérison. L'affirmation de Kanner selon laquelle l'autisme ne pourrait « être influencé par aucune forme de thérapie » n'est plus d'actualité aujourd'hui vu les nombreux exemples contraires ; mais, de manière générale, les pronostics pessimistes prédominent.

Il semble acquis cependant que cinq enfants sur dix mille présentent des symptômes autistes et qu'il y a quatre fois plus de garçons atteints que de filles. En Allemagne environ sept à dix mille enfants et adolescents sont touchés, mais le chiffre officieux semble plus élevé à cause de la situation floue des diagnostics d'une part, et de l'autre parce que les autistes plus âgés non repérés sont souvent internés dans des établissements psychiatriques. Le diagnostic d'« autisme » est donné plus souvent pour le groupe d'âge des 8 à 12 ans que pour celui des 3 à 7 ans, ce qui constitue une indication des difficultés de dépistage précoce et des similitudes avec d'autres handicaps. Dans l'ex-RDA, l'autisme était même considéré comme une « invention de la psychiatrie bourgeoise », et tout psychologue s'intéressant à ce handicap était exposé à des représailles. Ces faux diagnostics augmentent à présent considérablement le nombre officieux d'autistes en Allemagne.

Il s'avérerait également certain que l'autisme se manifeste au cours des trente-six premiers mois de la vie, avec une période plus critique entre le 24e et le 36e mois. Beaucoup d'enfants autistes ne se singularisent aucunement pendant la première phase de leur existence ; on confirme souvent — comme dans le cas de Birger — que ces enfants se développent d'abord tout à fait normalement et qu'ils apprennent même à parler. Mais, à un moment donné — imprécis —, tout s'écroule, et l'enfant implose comme une étoile neutronique dans un trou noir.

Depuis les années quatre-vingt, la recherche psychologique sur l'autisme reçoit l'aide permanente des biochimistes, des généticiens et des neurologues. Aucune partie du cerveau que l'on n'ait pas encore soupçonnée d'être le berceau de ce handicap, mais sans résultat aucun ! Nous allons donc passer en revue quelques-unes des hypothèses développées au cours de ces recherches.

L'explication la plus simple des spécialistes du cerveau consiste à dire qu'il s'agit d'une lésion cérébrale, non localisée à ce jour, résultant soit de complications au cours de la grossesse ou de l'accouchement, soit d'une infection du tout jeune enfant : selon un diagnostic tardif, l'autisme de Birger aurait pu être causé par une méningite... D'autres recherches ont démontré que le sang d'environ 40 % de l'ensemble des enfants autistes contient une quantité peu commune de sérotonine, un vasoconstricteur et neuromédiateur intervenant dans la régulation des états d'âme et de la sensibilité à la douleur, démonstrations accompagnées de plusieurs rapports sur les premiers succès thérapeutiques remportés grâce à des drogues utilisées pour normaliser la concentration de la sérotonine. D'autres recherches indiquaient que, chez les autistes, l'hémisphère droit (optique) du télencéphale dominait l'hémisphère gauche, chargé de la parole. La sécrétion prénatale de l'hormone sexuelle masculine, la testostérone, bloquerait le développement de la partie gauche du cerveau tout en forçant, presque par compensation, la croissance de celle de droite. Ce qui expliquerait, d'une part, les capacités eidétiques de mémoire de certains autistes et, de l'autre, le nombre prépondérant d'autistes de sexe masculin.

Les psychologues américains Tony L. Sajley et Jaak Panksepp, en revanche, ont émis l'hypothèse selon laquelle l'autisme serait une sorte de délire provoqué par l'autiste lui-même. La raison en serait la sécrétion excessive d'opiacés produits par le corps même, provoquant chez l'autiste une sorte d'ivresse. Ainsi, l'analyse du liquide de la moelle épinière des autistes a permis de repérer en effet une forte concentration d'enképhaline produite par le corps. Reste à élucider pourquoi le corps prendrait de telles mesures et quel est le rôle de la psyché dans ce processus. Des tests réalisés sur de jeunes singes ont démontré que ces animaux poussaient de terribles hurlements quand on les séparait de leur mère, mais qu'ils se repliaient sur eux-mêmes après avoir reçu des opiacés, à peu près comme le font les autistes.

D'après les généticiens, environ un cas d'autisme sur dix semble être lié à une modification dans la structure des chromosomes X. Ce qui expliquerait aussi pourquoi quatre fois plus de garçons que de filles sont sujets au syndrome autiste. On constaterait en même temps, cependant, que des causes génétiques — comme dans toutes les maladies héréditaires — n'existeraient que de façon latente et représenteraient seulement un facteur de risque, alors que l'apparition de la maladie même serait due à une déficience cérébro-organique. Des chercheurs américains examinent depuis quelque temps l'ADN des autistes, afin d'y déceler un dysfonctionnement génétique. Si ces recherches aboutissaient, le handicap pourrait être détecté dans le ventre de la mère avant la naissance. Enfin une autre hypothèse indique que l'enfant deviendrait autiste lors d'un déroulement accéléré du développement prénatal : dans ce cas la naissance interviendrait « trop tard » chez ces enfants ; dans cette hypothèse, le ventre protecteur de la mère préfigurerait pour ainsi dire l'univers carcéral autistique.

L'autisme au singulier n'existe pas — les théories contradictoires qui se sont multipliées nous en convainquent. Ce qui signifierait qu'elles contiennent toutes une part de vérité. L'autisme ne serait alors qu'un terme générique désignant un syndrome s'étant développé de diverses façons et se manifestant de manière très individuelle. Ce qui est valable pour un autiste ne le serait plus du tout pour un autre ! Quoi qu'il en soit, les différents degrés de gravité de ce handicap sont, eux, bel et bien connus. Certains autistes mènent une vie assez normale, bien qu'un peu limitée ; d'autres cas n'offrent apparemment aucun espoir et ne présentent pas la moindre faculté de communication ; d'autres encore, comme celui de Birger, disposent malgré leur fort handicap autiste de facultés de communication extraordinaires, capables de faire naître quelques espoirs. Si, dans les années à venir, l'une de ces hypothèses se confirmait et apportait des indications précises, à la joie de tous, sur les origines de ce syndrome mystérieux, l'amorce d'une démarche thérapeutique ne serait pas trouvée pour autant. Ces découvertes scientifiques ne seraient donc pas d'une grande utilité aux autistes mêmes.

Ce qui nous ramène au destin de Birger...

BIRGER : L'HISTOIRE

Le 14 mai 1983, alors que Birger était âgé de dix ans, naquit son frère Jonas. Ses parents attendaient ses réactions à cet événement familial avec scepticisme. Mais Birger établit tout de suite le contact sans laisser planer le moindre doute sur son entière acceptation de ce nouveau membre de la famille. « A aucun moment nous n'avons eu peur pour Jonas et nous avons toujours pu le laisser seul avec Birger », raconte sa mère.

Avec le début de sa puberté, les relations avec Birger se font plus difficiles. S'il s'était comporté dans le passé comme un enfant muet mais relativement vivable, il devient de plus en plus pénible maintenant de le présenter en public. Birger vit dans un affolement croissant. Tout son comportement devient obsessionnel. Il se met à pousser des cris stridents, à se mordre et à se battre jusqu'au sang. Sa respiration s'accélère pour prendre cette cadence infernale d'anhélation décrite au début de ce livre (faisant probablement partie des stéréotypes « berceurs »). Il parcourt la maison dans un état de grande agitation, se met à uriner au lit et à avaler avec excès toute nourriture à sa portée ;

son comportement pousse ses parents à leur tour à des réactions intempestives. En même temps, il reste muet, sans manifester le moindre intérêt et apparemment sans la moindre perception.

Quand, au cours d'une promenade ou en faisant des courses, Birger est pris de crises de hurlements, il provoque régulièrement un attroupement. Un jour, Birger se trouve avec sa mère sur la Wittenbergplatz, l'une des principales places en plein cœur de Berlin, et hurle sans interruption pendant une heure. « Ça, c'est l'enfer », dit Annemarie Sellin. Ses accès de rage incontrôlés conduisent la famille de Birger à un isolement presque total. « Impossible d'inviter quelqu'un, d'avoir des relations amicales, de voyager — notre seul objectif était d'arriver au bout de chaque journée ! », constate sa mère. Même les stéréotypies, seuls moyens autocalmants de ces crises, ne semblent plus servir à rien. Son père se rappelle : « A cette époque, Birger doit avoir été en proie à un terrible désespoir. »

A l'âge de seize ans, il fait sa première fugue. En faisant les courses dans un grand magasin, le plus important de Berlin, Birger disparaît subitement. (Le recours à la sonorisation du magasin pour retrouver Birger fut refusé à ses parents parce que « cela n'était pas conforme aux habitudes de la maison ».) Après plusieurs heures de recherche, ses parents le retrouvent finalement dans un hôpital, sanglé à un brancard. Une autre fois, profitant d'un moment d'inattention, il s'échappe du foyer et prend le premier métro qu'il voit passer en direction du sud de la ville. La police le trouve puis le mène à l'hôpital de Neukölln. Quand ses parents, qui ont déjà fait passer un avis de recherche, l'y récupèrent, un policier est assis à côté de lui pour le garder.

En réalité, Birger devient, de plus en plus, un problème grave. C'est avec un souci croissant que ses parents observent à quel point leur fils échappe à tout contrôle. Ils n'osent plus se poser de questions sur sa vie future : son avenir leur semble sans espoir et sans lumière. Le destin de Birger semble inéluctable.

Pendant presque dix-huit ans, Birger est considéré comme un malade mental incurable. En 1990, ses parents découvrent, en suivant les conférences de la thérapeute américaine Annegret Schubert, la possibilité d'un recours à la « communication assistée » *(facilitated communication)*. Cette technique part du principe que les autistes et d'autres handicapés, mis au rebut comme malades mentaux, disposent souvent de capacités intellectuelles qu'ils sont incapables d'exprimer verbalement à cause de leurs blocages sociaux ou de communication. Un soutien minime peut aider à dépasser un tel blocage : une personne en laquelle le handicapé a entière confiance s'asseoit avec lui devant une machine à écrire ou un ordinateur et soutient son avant-bras. Grâce à cette « aide », l'autiste reprend confiance en lui et puise la force nécessaire pour actionner les touches du clavier et pour s'exprimer par écrit puisque beaucoup d'autistes ont acquis, « en passant », la maîtrise de la langue écrite. Pour les autistes parlants, cette méthode évite, en même temps, la répétition éternelle des mêmes mots.

Cette technique de « communication assistée » fut inventée par la pédagogue australienne Rosemary Crossley, fondatrice du DEAL Communication Center qui existe depuis 1986 à Melbourne. Rosemary

Crossley avait, dans un premier temps, développé sa méthode — au début des années quatre-vingt — pour des paralysés spastiques et en avait élargi l'application à d'autres groupes de handicapés. Avec la « communication assistée », elle a trouvé une clé donnant accès au monde intérieur, jusqu'alors fermé, de ces êtres.

Au départ, la méthode nécessite le soutien physique, déjà décrit, pour guider la main qui écrit et pour isoler l'index : cette assistance étant surtout nécessaire parce que beaucoup d'autistes souffrent d'un faible tonus musculaire. Des mots et gestes encourageants doivent en outre sécuriser le sujet qui écrit. Progressivement, ce soutien mécanique peut soit disparaître complètement, soit consister en un geste de la main posée sur l'épaule de l'autiste.

Au début, la trop grande simplicité de cette méthode a rencontré le scepticisme, voire l'hostilité des spécialistes. Entre-temps, la « communication assistée » est appliquée à travers le monde entier avec un taux de résultats positifs très élevé. Ainsi beaucoup de parents ont, pour la première fois de leur vie, reçu des messages venus de l'univers emmuré de leurs enfants autistes : il s'agit pour l'essentiel de cris de détresse et de solitude qui apportent en même temps la preuve que les autistes ont une vie intérieure, aux antipodes de leur comportement et qui dépasse les limites de notre imagination.

LE CAVEAU S'OUVRE

Cette méthode a fonctionné pour Birger. Le caveau dans lequel il avait sombré à l'âge de deux ans s'est ouvert sur l'écran de son ordinateur avec une telle amplitude, bizarrerie et beauté linguistique, que ses propres parents en ont été suffoqués. Selon Annemarie Sellin, c'était « comme si on avait fait jaillir une source ».

Cependant les débuts sont pénibles. Birger ne tape que des bribes de mots. En suivant les instructions de la « communication assistée », ses parents lui font d'abord identifier des photos et représentations des membres de sa famille, en passant par différents animaux ou des objets utilitaires jusqu'aux éléments de base de la vie quotidienne. Du point de vue du contenu, les réponses de Birger sont parfaitement exactes. Le 8 septembre 1990, au treizième jour de « sa période d'écriture », il écrit à sa mère : *Je t'aime...* Nul ne peut imaginer ce qui s'est passé ce jour-là dans l'esprit d'Annemarie Sellin lorsqu'elle lut ces mots après tant d'années de silence.

Depuis, assisté par sa mère, Birger s'installe presque

tous les soirs devant son ordinateur et il écrit. Avec des efforts indicibles, il aligne les lettres. Chaque mot est un accouchement. Au début, il arrivait à écrire de cinq à dix lignes par soirée, sa concentration ne lui permettant pas d'aller plus loin. Aujourd'hui, quand il est en forme, il lui arrive de remplir des pages entières. Parfois il est pris de crises en écrivant, se bat, se mord tout en continuant d'écrire : *Souvent j'ai été effrayé car les gens ne savaient pas que je comprenais tout donc ils ont tout dit ce que je ne devais pas entendre... une hypersensibilité existe tout bêtement sur tous les plans je peux entendre un peu trop et voir trop mais les organes sensoriels sont o.k. seulement à l'intérieur il y a malheureusement un tel pêle-mêle des mots phrases idées sont séparés violemment et déchirés les choses les plus simples se retrouvent arrachées du contexte du monde extérieur important réel unique autre une pensée est aussi lourde qu'une véritable boîte-de-monde-intérieur.*

L'émergence de Birger frappe sa famille comme un cataclysme. « Nous avions déjà abandonné tout espoir », avoue Annemarie Sellin, décrivant le degré de sa résignation. Et son mari d'ajouter : « Il est décourageant d'avoir essayé, pendant des années, d'établir un contact avec son enfant sans y parvenir. » Subitement, ce contact existe et révèle aux parents à quel point ils ignoraient tout de leur fils.

Ils découvrent que Birger avait non seulement minutieusement enregistré depuis des années ce qui se passait autour de lui, mais qu'il savait lire et écrire depuis l'âge de cinq ans. Les livres qu'il avait « feuilletés » par dizaines, il les avait bel et bien lus. La mémoire photographique de Birger, capable de détecter l'absence d'une seule bille en une fraction de seconde, n'avait besoin que de quelques minutes pour saisir un livre — sur quoi, sa tête disposait d'un temps illimité pour approfondir ce qu'il avait lu. Birger seul sait ce qu'il a réellement stocké dans sa tête. En tout cas, il a déjà fait apparaître, comme par enchantement, des termes de biologie, les dates biographiques de Galilée, des noms de capitales de tous les continents, des amorces de théories de la recherche sur l'autisme et même quelques phrases en anglais : *Depuis ma méritoire cinquième année j'ai lu un grand nombre de livres excessivement impressionnants et je garde en moi tous ces contenus importants comme des trésors précieux.*

Pendant presque dix-huit ans, Birger a dû subir en pleine conscience qu'on le traite comme un bébé débile et qu'il se comporte comme un fou, qu'il le veuille ou non. Pendant des années il lui a fallu observer en silence qu'on l'ignore, qu'on le comprenne mal, qu'on parle en sa présence de choses qui devaient le blesser profondément et que, dans le foyer pour autistes, on l'encombre de choses bien inférieures à ses capacités. Pendant des années, il intériorisait cette humiliation permanente avec, comme seul moyen de se libérer de la pression accumulée en lui, des hurlements et gestes violents. Ces crises de son moi extérieur lui apparaissent en même temps étranges et inquiétantes. Il en résulte une dévalorisation sévère et « une angoisse de se livrer », selon la formule de son père. « C'est probablement la raison pour laquelle il ne parle pas, bien qu'il le pourrait », ajoute Dankward Sellin. Quand on lui pose cette question — car Birger réagit directement aux questions qui lui sont posées par écran interposé —, il écrit que, même à l'avenir, il ne parlera pas *parce que parler est trop précieux que je ne mérite pas de pouvoir parler je ne peux pas l'apprendre parce que je ne dirai que des bêtises.* Ailleurs, il dit : *Un être solitaire remplace d'importantes expériences de la pauvre humanité par un parler permanent la plupart du temps dans son intérieur solitaire.*

La solitude qui obscurcit toute la vie de Birger se trouve au cœur de ses textes. Il définit son état comme *détention en isolement* et lui-même comme un être *enterré vivant* ; il se plaint : *Je me noie dans la solitude*, et il écrit : *Une vieille vision simple une façon-de-sortir-de-sa-personne une caisse d'où je ressuscite voilà un rêve mais je ne vois aucune issue de cette caisse-à-personne même cet acte important d'écrire n'est pas suffisant une issue détruit ma sécurité habituelle j'en ai peur.* Plus loin, il écrit également : *Ce qui éclora un jour des murs réjouira le regard dans tout il y a un germe d'espoir.*

Birger se regarde lui-même, cet *être-sans-soi venant du royaume des personnages obscurs*, avec un étrange mélange de désespoir et d'ironie. Il se qualifie lui-même de *birger idiot totalement dingue* qui mène en tant que *homme-singe non dressé*, en tant qu'*âne stéréotypé* et en tant *qu'homme de néandertal en personne* une *existence de rigole sans connaissance du but*. Son existence se déroule *dans des réalités de deuxième zone* d'où il envoie *des messages au peuple du monde de la surface*. Il écrit : *Intouchable et triste est notre monde*, aussi bien que : *Je veux toutefois faire remarquer que j'aime aussi ma réalité elle m'offre protection et refuge elle m'offre de la dignité.*

En même temps, Birger, en oscillant en permanence

entre l'espoir et la dépression, recherche désespérément sa place dans l'existence ici-bas. *Je ne veux plus être un en-moi* constitue le but qu'il s'est fixé *pressentant la rive.* Il veut se défaire de son autisme par n'importe quel moyen *(je l'exécute)* afin de trouver son chemin menant dans le monde *important confus*, dans le monde des *hommes-quelconques* dont il aimerait tant faire partie. Cependant : *Des personnes comme birger font peur et doivent être isolées une nature vraiment vicieuse en moi élabore en permanence les insanités que je fais c'est comme un démon qui m'oblige un tel monstre il me force constamment à répéter à siffler à faire des trucs de gosses et à mener la vie d'un fou c'est comme un combat permanent.* Un an plus tard environ, le ton est autre : *Des profondeurs d'une bizarre centrale de commandement intérieure purulente habilitée je reçois des ordres de folies acides comme du vinaigre.*

Pour Birger, ce déchirement qui revient régulièrement entre la volonté d'être intégré et l'angoisse que ça provoque ne le concerne pas, lui seul, mais également les autres autistes ; d'une part, il aimerait *réellement que vous sachiez ce qui se passe à l'intérieur des enfants autistes* et demande à sa mère : *Peux-tu t'imaginer ce que c'est de vivre dans un système social qui te déclare fou à jamais c'est incarnation de tels excès de méchanceté élémentaire pour lesquels il n'y a pas de description.* Birger souhaite participer à ce que l'on *reconnaisse les étapes intérieures de l'évolution autiste afin de pouvoir sortir de plus en plus de personnes de leur existence « coffrée »* . Il déclare : *Je sers en tant qu'autiste les autres autistes comme porte-parole habilité*, et il émet le sombre pronostic : *En hurlant nous allons ressortir des marécages du silence.*

D'autre part, il est parfois pris de doutes ; il se demande s'il ne touche pas à certains tabous avec ces révélations et s'il ne parle pas de choses qui ne sont l'affaire de personne. *Un véritable traître s'est révélé avec ma personne*, écrit-il subitement, *je parlerai et je vous survivrai dans ma perpétuelle prison de haute sécurité*. Ou bien encore : *Combien de fois ai-je voulu retourner dans le mutisme et le calme de notre monde autiste digne et non menteur.*

L'idée de se sentir pris sur le fait est profondément ancré en Birger et difficile à surmonter. Le fait d'écrire a non seulement permis à Birger d'articuler ses souffrances mais intervient également dans ses systèmes de sécurité si péniblement construits. *Je préférerais pleurer comme les personnes dites importantes expulser par ces larmes un indicible coin intérieur gigantesque solitaire de toute une existence apportera d'abord une consolation personnelle mais cela n'est pas possible c'est comme un être minéral qui me tient prisonnier et qui considère la tristesse comme un risque de sécurité.* Ce monde — notre île vraiment merveilleuse des profiteurs implacables — lui paraît suspect : *Ma place n'est pas dans cette société dingue lâche affreuse cette sélection d'as implacables est tellement de travers*. Quand la guerre du Golfe éclate, Birger est horrifié et il participe à une manifestation pacifiste en compagnie de son tuteur particulier. Aucun détail, tel que les regards étonnés des passants, n'échappe à sa perception hypersensible : *Un être seul et muet dépend de l'encouragement un regard plein de tendresse peut avoir des effets gigantesques sans la moindre parole un jour dans le métro j'ai réalisé qu'une femme me regardait avec affection j'y pense très souvent plein d'espérance et je ne l'oublierai jamais mais beaucoup de regards sont tellement durs à supporter qu'ils engendrent une souffrance sans égale.*

Son refuge contre ces sensations d'infériorité et d'isolement est l'ironie. Le lendemain de notre première rencontre, Birger s'excuse pour son accès de hurlements survenu en ma présence : *Un exclu regrette d'avoir un comportement si sot envers des personnes sachant tout aux mœurs si austères qui sont de vrais modèles.* Il se moque d'une psychologue, relation de ses parents, fascinée par ses textes, qui cherche à prendre contact avec lui : *On dirait maintenant que je deviens énormément important quel effet aura cette importance sur ma supposée véritable âme intérieure facile comment des gens se donnent du mal pour quelqu'un comme moi c'est l'accès d'avide action d'une personne de fer comme* (suit son nom) *elle était dans l'établissement et voulait parler avec un être extraordinaire comme moi.* Même le personnel du foyer pour jeunes autistes (que Birger aime sincèrement) en prend pour son grade. Birger appelle le foyer une *soi-disant maison de fous complètement flippée unique en son genre sans doute les siquentes*[1] *infiniment vaniteux ne valent rien de toute façon mais les charognes de pédagogues d'une vanité insondable et confuse valent encore moins... le baratin insensé des importants éducateurs véritables prend un peu la tête d'un birger*

1. Birger utilise dans ce contexte le néologisme *siquenten*, un mot qu'il a créé et dont la signification reste bien obscure... *(N.d.T.)*

jaloux je saisis la prétendue première occasion pour les interrompre et je hurle comme si on m'égorgeait.

Malgré toute la remise en question de lui-même et ses doutes concernant la perte de sécurité, Birger semble tout à fait conscient des conséquences de son autothérapie. Il mène la lutte contre son autisme par un effort mental énorme. Pour s'en rendre compte, il suffit de suivre l'évolution de ses pensées, dont je viens de citer quelques extraits arbitrairement et sans respecter la chronologie. Birger s'efforce d'élucider d'un côté les causes et les particularités de son handicap et de résoudre, de l'autre, les énigmes tout aussi importantes du fonctionnement de son environnement. Il se pose par exemple la question : *Comment quelqu'un peut-il savoir ce qu'est une véritable cause comment peut-il savoir comment fonctionnent les choses s'il est exclu de la société et ne connaît pas les mots vraiment importants.* Sa réponse : *Totalement seul il se concocte merveilleusement des explications des réponses brutes totalement folles des seaux d'immondices.* C'est surtout dans sa correspondance avec Gisela Ulmann, une spécialiste berlinoise du développement (qui apparaît dans ses textes comme, par exemple, *gisela l'élue qui pense avec assurance)*, que Birger essaie de trouver des réponses à ses *questions-du-pourquoi* et de sonder les mystères de la vie normale : *J'essaie en ce moment de saisir de façon réaliste des petits événements mais ne vois pas comment je peux les vérifier réellement.* Si l'on tient compte de la brièveté de sa phase d'écriture, ses progrès sont énormes. Mais Birger reste un autiste gravement handicapé. *Sans langage je suis un pauvre fou et je ne peux écrire qu'avec l'aide d'une autre personne c'est très humiliant et j'en ai honte*, constate-t-il dans une lettre.

Vu de l'extérieur Birger présente toujours l'aspect décrit au début de cet ouvrage. Il se trouve, sur le plan mental, presque à l'état d'adulte, tandis que sur le plan émotionnel et social il est resté enfant. L'un des éducateurs du foyer pour autistes adolescents dit de lui : « Il est difficile d'accepter qu'il puisse lire et écrire, alors qu'il se comporte comme un fou. » Non seulement ses crises de hurlements et accès de rage continuent de se produire, mais deviennent encore plus imprévisibles, en partie en réaction à un traitement condescendant, en partie comme conséquence de son angoisse inexplicable et profondément enracinée, causée, peut-être, par la perte inéluctable de la sécurité de sa jeunesse muette et par le fait que l'avenir semble incertain et menaçant. *L'angoisse me prend comme ça d'abord j'ai une sensation bizarre du côté de l'estomac ensuite cette angoisse rusée s'érige comme une bête sournoise contre tout le corps.* Sur quoi il faut qu'il hurle car *un pauvre soi-disant birger ne connaît pas d'autres moyens pour arracher l'angoisse de son âme.*

Auparavant, les stéréotypies l'aidaient à réprimer l'angoisse : *L'angoisse dont je souffre le plus est celle de savoir comment je peux survivre une journée je consolide les heures glacées de la journée en établissant un prétendu important questionnaire en acier un système facile comme bonjour émanant ainsi de l'angoisse.* Les billes, qui représentent pour Birger tout un monde chargé de symbolisme, font également partie de ce « système facile comme bonjour ». Leur ruissellement représente des *connaissances d'un monde de personnes sans valeur existentielle sociale c'est également un monde incluant des types asociaux c'est le rebut indéfinissable de l'humanité.* Le ruissellement des billes représente *une stéréotypie qui plonge vraiment dans une ivresse je répète visiblement ce que la solitude déclenche sur un plan invisible.* Et pourtant Birger ne renonce pas à son humour quelquefois si inquiétant. Il écrit : *La vision du monde des autistes est comme un navire qui coule et qui invente des insanités pour ne pas s'en apercevoir je suis le premier officier de ce navire et mes folies ont une véritable grandeur d'invention marginale.*

Entre-temps, Birger a sans doute osé sortir de sa cage d'autiste au point que les stéréotypies ne « prennent » plus et qu'un quelconque retour est devenu impossible. Il paie un tel progrès de l'augmentation de son inquiétude intérieure — il l'appelle *inquiétude-force-d'abîme tant que je me souviens il y a là cette inquiétude d'une force inconcevable pour qui que ce soit cela me rend presque dingue lorsque j'étais encore plus petit les stéréotypies pouvaient soulager un peu.* Aujourd'hui au contraire, explique Birger, *ces mécanismes ne fonctionnent malheureusement plus c'est pour cela que je hurle autant ces derniers temps je ne peux pas vivre paisiblement et tranquillement avec cette angoisse je dois hurler les mortifications par l'angoisse prennent le dessus et m'étouffent moi sans-moi suis l'esclave de la puissance-miracle-d'angoisse.*

Malgré toutes ces rechutes et ces déceptions démoralisantes, les parents de Birger et sa thérapeute Margard Breinlinger ont pu observer des progrès très nets dans son comportement depuis sa « phase d'écriture » et surtout à la suite de ses multiples réactions à la publication de ses textes dans l'hebdomadaire *Zeit*. Au printemps 1991, il semble pourtant traverser une crise grave. A cette époque, il n'écrit presque plus et ses parents craignent aussitôt qu'il se taise à nouveau définitivement. Sa thérapeute dit que Birger était « totalement perturbé » par son ouverture vers l'extérieur. Mais Birger se ressaisit et se remet à écrire. Depuis un peu plus d'un an, il utilise un ordinateur portable de la taille d'un livre de poche pour des petits messages quotidiens. En 1992, accompagné de son éducateur, il assiste pour la première fois à un cours à l'Université libre de Berlin. Birger avait signalé à plusieurs reprises qu'il s'intéressait à la linguistique (il choisit pour thème les poèmes d'amour de la Renaissance !). A l'automne de la même année, il suit deux cours de psychologie : complètement dépassé, il est obligé de mettre fin à d'autres tentatives. Suivre un tel cours universitaire requiert pour lui un effort gigantesque — mais Birger veut prouver à tout prix qu'il est capable de faire des choses comme les gens « normaux ». Il s'est également déclaré prêt à faire un film sur sa vie avec une cinéaste française, Jamila Chauvet [1].

Birger souhaite que ce livre-ci ne devienne pas un *livre kitsch*, mais reste *simplement un véritable livre-de-réflexion dans une belle forme qui démontre que je veux participer à la vie efficace et ouverte.*

1. Ce projet de Jamila Chauvet n'a pas pu se réaliser ; le cinéaste Felix Kuballa a cependant repris cette idée et réalisé un film d'une heure pour la première chaîne de télévision allemande. *(N.d.T.)*

LES TEXTES

Écrire représente pour Birger le seul moyen de s'exprimer ; ses textes sont donc un mélange de messages personnels et familiers, de descriptions de situations et d'états d'âme, de notes, genre journal intime, de poèmes, de lettres et de réflexions sur divers sujets. Les parents de Birger ont archivé tous les écrits de leur fils dès le premier jour, ce qui, vu la césure dramatique que représente le début de la « phase d'écriture » de Birger pour toute sa famille, n'étonnera personne.

Les textes qui suivent ne sont qu'un extrait de toute cette matière. Les reproduire tous dépasserait le cadre de cet ouvrage et représenterait une entreprise dépourvue de sens. Ma sélection se limite par conséquent aux textes apportant des indications de Birger sur son autisme et à ceux qui me semblaient valables, sur le plan littéraire, pour leur regard sur le monde et pour le caractère immédiat de sa façon de s'exprimer. Un autre critère de sélection a été mon désir de représenter ici l'évolution de Birger qui devrait particulièrement intéresser les psychologues, thérapeutes et parents d'enfants autistes. Pour cette raison, les textes sont livrés dans un ordre chronologique et ne sont pas regroupés par sujets. Ses premières tentatives d'écriture ont été reproduites intégralement. Elles n'ont pas un sens « élevé » mais témoignent des énormes difficultés auxquelles Birger était confronté au début.

Enfin, je voulais présenter les textes dans une forme qui demande un minimum d'explications supplémentaires sous forme de notes en bas de page... Cela s'est avéré particulièrement difficile en ce qui concerne sa correspondance. Par ailleurs, il ne m'a pas semblé judicieux de reproduire les lettres auxquelles Birger se réfère dans ses réponses — je pense que les réponses sont assez claires pour permettre de comprendre le contexte. J'ai ajouté quelques notes uniquement là où des détails concernant des personnes ou événements s'imposaient. Lorsque Birger répond directement aux questions de ses parents, ses réponses sont intégrées dans le texte.

Les textes sont précédés de leur date de rédaction. Un espace assez long entre deux textes ne signifie nullement que Birger n'a rien écrit pendant cette période — il écrit pratiquement chaque jour —, mais simplement que les textes entre les deux dates n'ont pas été sélectionnés. Lorsqu'il s'adresse directement à quelqu'un, il s'agit de lettres à ses parents.

Écrire est un acte qui agite énormément Birger. A partir d'un certain degré d'agitation il peut arriver qu'il ne contrôle plus complètement la main qui écrit. Il est également sujet à des crises pendant la rédaction des textes, ce qui se reflète, dans l'original, par des fautes d'orthographe et des mots inachevés. A la demande de Birger, j'ai corrigé ces lacunes, à l'exception des textes des premières semaines (jusqu'au

10 décembre 1990) qui permettent, même sur un plan visuel, d'apprécier les difficultés de ce pénible début. Pour illustrer l'impact d'un accès de hurlements sur l'orthographe, j'ai intégré un exemple parmi les textes sélectionnés. Par ailleurs, Birger maîtrise parfaitement l'orthographe et la grammaire de la langue allemande. Plus sa « phase d'écriture » s'allonge, moins il fait de fautes de frappe. Il manque de temps en temps des conjonctions et des explétifs, parfois certains éléments de la phrase ne se trouvent pas en concordance grammaticale, ce qui s'explique en général par le fait que Birger, en état d'agitation, a continué sa phrase autrement qu'il ne l'avait commencée. Ces passages n'ont pas été corrigés. L'écriture en lettres minuscules et l'absence de ponctuation correspondent à l'original (Birger ne peut écrire qu'avec un seul doigt).

La sélection reproduite dans cet ouvrage se termine en 1992. Birger continue à écrire.

27 août 1990
abcdefghijklmnopqrstuvwxyz
Birger papa jonasmaman

28 août 1990
zhietypahwbb [1]
mémé pépé ffaammille
jonas paapa birger maman *jabml*

29 août 1990
746103289 *julikasa*
vvolkhard
grimper arbre oui

30 août 1990
autto pépé et mémé taqquet paquet
poches *wettblgghnuköä*
père mère frèrre *mmölln*

---

1. Les termes en italiques sont des mots intraduisibles et donc identiques au texte allemand. *(N.d.T.)*

leudu
arrêterespièggle

31 août 1990
kg oui
iioui
ppapa
castorr
rererrrepos eb litkkk
non

3 septembre 1990
oui
xchiebnb
chien
louuuup
flamant
vache
bisonn
vvautour
mmaman
jonas
birger
eeauuu mer
plage
ppapa
appareilphphoto
teenirr main
uuuuuuuuuuuuuuuuuuuuuuuuuuuuuu
plus
aller coucher

4 septembre 1990
biirger jonas *ugzret* glaive frappe
peeeur œillère *hziuzfz* pirate
jonas *franzmax* maman banc assis noous
cigogne bison loup raêrrêter arrêter

5 septembre 1990
xenia bernd birger
boit jus
wolfgang parler
faire bicyclette j'aime bien faire bictyclete
oui je veux arrêter

6 septembre 1990
salle de bain baigner jonas birger david
singe béébé grotte chien kangourou bébé
éléphant grimper loupp oours
je veux arrêter

7 septembre 1990
ccanard canard
paquet nid œufs
masque corbeille chaaameau chameau
hérisson concombre herbe
j'aimerai rarêtter arrêter

8 septembre 1990
paquet téléphone lampe bras plume
auto ballon pomme vache pied lit feu tricolore
ciseaux locomotive échelle cuillère
je non je veux marrêter
je t'aimeoui

9 septembre 1990
rire en haut 1 2 323 4 5 6 7 88 9 10m 11 12 13 14
15 16 17
18 19 20 21 212 23 24
255 26 27
fermé en bas

12 septembre 1990
harricots n6
feuille 7
5 fleurs
jee veux arrêter

13 septembre 1990
3 fleurs
moules
3 clou vis
étoile de mer 5
2 boutons
7feuille feuilles
5 fleeurs 9 rouge bleu jaune5
5 ppapillon
je arrrêterr j'aimerai *umre*
erbas
aller en bas
sentir avec le nez

14 septembre 1990
ggratzuvggh
uyyfü.pgxf
sajos
oui oui *sojhffcdxtarssss*
saucedesojal *kio*

écoéc lmck
karf
... hhh
oui
truc-de-gosses
tgjgfdggfg

15 septembre 1990
oui
acurlsaptg
à cuire spaghetti meellonnn
melon fromage moi trop *ibböôllflhölp*
pomme de terre
mmembmghjhb
je veux arrêter

16 septembre 1990
papa *iekvuxct*
a bc d re f g hh ij k l m n o p q r s t u v w x y z

17 septembre 1990
2et 3 = 5
alller coucher

18 septembre 1990
aigle
l'aigle eest un rapace [1]
pas davantage

1. Les phrases de « l'aigle eest un rapace » à « je joue avec avec jeu de constructuiona » lui ont été dictées.

19 septembre 1990
surr la courrronne d'avent brûlent 4 bbougies
ne plus écrire

20 septembre 1990
oui
lors du premier avent birger et jonas reçoivent une maison en pain d'épice
écrire plus
auto soir
moi aarrêter

21 septembre 1990
moii arrrêteh

22 septembre 1990
l'astronaute s'envole vers l'espace
apaau
arrêter

23 septembre 1990
birger
dans la boulangerie on fait des gâteaux
je veux aoo avoir la paix

24 septembre 1990
je joue avec avec
jeu de constructuiona
avoir u
gasjs
avoir paix
une *faas*
pppp
je suis triste parce que ne peux pas gencore parller

25 septembre 1990
s'il te plaît au littzt

26 septembre 1990
je awllwer me coucher
aller coucher

27 septembre 1990
ffje veux pd
ne pas écrire n'importe harreter

29 septembre 1990
peux-je
finir tout assiette,

30 septembre 1990
oui
moi non
j e peeux *soohd*
oui
alrarat
dz
tunest pas ubne poukurelle
poubeelle

1er octobre 1990
oui
ajtll
jj
jee ne veux pas écrire aujourd'hui

16 octobre 1990
suiss un *zcocbjbn*
suis un *zoalonmnbn*
zoamgttjkllö
zooswbnn
zouilmon
souilonnn
souillon

16 octobre 1990
je veeux à la maison
peux avbb
aime simplement être bien
tu doio dois budud
plutôt aim er car tous dei
disent tu es si bienv
il essf est le sas sadhc
seiisas sagewsa
sd début de IL L'AMELIORATION Dc dvovf
don donc donne t ti toi la peine
d mais biirger sans amour
t ne seraa rien tout sim pl
met mew meg men simplement tr très
très très gentil ms mmaisa saima ms
misa dire
dire que tu m'aimes
df di done dire que tu les aimes aussi tous jonasn e
dannkward ausst aussi
tous ai aivmere surtout anne qut
quetoi ainsi gb gro d groudé
gronder *bsys bahs soals*

4 novembre 1990
aujourd'hui était eta pas selon
ax aussi ne pas agir selon mon
goût car je suis différent des autres mais je
préfère ne pas
être ainsi que d'autres disent je suis handicapé

9 novembre 1990
pujjs puis-je déclarer des gens pour foo fous pour que
je ne dois pas aimer personne aikme des fous

24 novembre 1990
tu dois m'aider à parler
tu dbh dois rteb tenir mon bras
lale question est si nous pouvons parler assez claire-
ment
aurons-nous seulement quand nous sommes réellement
tous rv romert morts décédés reddevs trouvé notre
forme
existentielle que nous souhaitons
c'est pour cette raison que j'aspire souvent à la mort
car je suis
seul dans
ma solitude

25 novembre 1990
tu ne dois pas gronder aujourd'hui tu étais quand-
même
très pattiente n'ai pas ma place dans le vastemmonde
car j'ai peur de
tout simplement de ces choses qui sont aussi insi inof-
fensives
que des maisons

oui elles me semblent menaçantes j'ai toujours peur
mais aujourd'hui cait c'était particulièrement grave per pa rce que tu m'as tant engueulé aujourd'hui je ne pouvais plus fermer la veste
cela m'a tellement vexé end
au fond ce n'est pas si grave
cela devient grave quand je commence à avoir peur je pense c'est fou
mais un jour je ne trouvais pas la perle [1]
zezet l et pourtant rien de grave se passait
c'est po our cela que je suis bête quand je m'angoisse total lement bête est-ce que quand
permets que vous pouvez irsz rire quand
je hurle tout haut mais cla cela vous l'avez fi fait longtemps avant que je n'ai pu parler

29 novembre 1990

je raconterai tout lorsque je sauris mieuxn écrire savoir ne me pas suffisant j'aimerai être beaucoup mieux aujourd'hui j'aime mieux être seul avec jonas c'est ta faute pense aux années sans lui n'ai plus rien à dire ou ne peut-tu plus t'en souvenir jonas est un garçon si gentil birger est plus gentil que tout il est
surtout pas un garçon méchant hier je ne pouvais pas écrire quand tu as tellement rouspeté je ne t'en veux pas mais birger est tellement sensible donc qu'il ne peut rien supporter qui le gêne

1. Il lui manque une de ses billes.

9 décembre 1990
je ne suis pas un riiendutout riiendutout

10 décembre 1990
samedi dankward ne pouvait écrire que très peu avec moi car il était triste parce que tu étais malade il travaille toujours énormément mais il est le plus gentil disons il est le père le plus aimé.
hier il était disons moins amusant aujourd'hui c'était quand même disons rigolo.

13 décembre 1990
salomon était un roi sage je sais tout mais je ne peux pas le dire seulement avec l'écriture je peux en effet à toute vitesse donc rapidement disons je peux dire des choses qui effraient les gens mais je ne le fais pas souvent on m'a effrayé car les gens ne savaient pas que je comprends tout ils ont donc simplement tout dit ce que je ne devais pas entendre je n'étais bien dans ce monde que lors des fêtes à l'époque autrement j'ai tout imaginé pour que je puisse sortir de l'entité l'idée la plus sotte était celle de penser que je pouvais disjoncter à partir de maintenant je n'ai plus besoin de cette méthode car maintenant je sais écrire alors suffit je n'ai encore jamais autant raconté qu'aujourd'hui et c'est dommage que c'est fini.

14 décembre 1990
l'astronomie parle des étoiles mais je ne crois pas aux étoiles parce qu'il est invraisemble de considérer les étoiles comme conseils disons qu'il est démontrable que la terre est seulement disons une configuration venue de l'univers.

15 décembre 1990

g. [1] m'explique tout ce que sais depuis belle lurette hier elle m'expliquait que la pomme de terre est un fruit de la terre ce que chaque imbécile sait jonas a raison tous les animaux sont sages parce qu'ils savent ce dont ils ont besoin pour vivre jonas est tellement sincère c'est un plaisir constant pour moi même si tu es fachée avec lui c'est un fait que je disons que nous vivons bien mais nous sommes si souvent mécontents pour des vaines raisons dimanche il faut que ce soit particulièrement bien tout sera alors rentré dans l'ordre on n'est pas obligé de faire des cadeaux mieux vaut être gentil que des cadeaux si nombreux.

17 décembre 1990

achim [2] était disons asocial oui ce mot sera gommé tu diras ce que tu veux cela n'a pas d'autre sens quel pourrait en être le sens achim était très social on définit comme asocial des choses de l'adaptation nous tous devons à nouveau nous adapter à un système social mais presque tout ce que nous faisons vraiment est une forme d'adaptation darwin a été le premier à travailler sur ce sujet qui découlait comme on pouvait s'y attendre de disons de ses pressentiments les espèces sociales seraient un fait d'hérédité mais les espèces informent du caractère social des races on croise les semences.

1. Une institutrice du foyer pour autistes adolescents.
2. Un des moniteurs du foyer avec lequel Birger entretient une relation particulièrement étroite.

18 décembre 1990
Tu ne dois pas ne pas t'accorder presque pas de repos c'est un fait tu es très assidue c'est vraiment à sortir de ses gonds tellement tu t'acharnes c'est grave à quel point tu fonces toujours comme disons une bête de somme être un peu plus sédentaire cherche le curseur il travaille si intelligemment que je m'étonne de son fonctionnement ça m'intéresse de savoir comment il travaille.

19 décembre 1990
est-ce que nous serons condamnés à cause de nos péchés je crois que la croyance est bien comme tu le dis qu'il doit exister un dieu qui nous considère tous comme étant très précieux mais qui sauvera mon être est-ce que cette rédemption n'intervient qu'après la mort qui serons-nous après la résurrection j'ai tant de plaisir à écrire j'ai tant de questions

22 décembre 1990
lorsque je voulais parler disons de connaissances totalement disons essentielles émanaient très nettement de moi il s'agissait des connaissances sur le monde et la terre il s'agit de choses que je ne dirai que disons plus tard quand c'est un bon jour il y a même disons un autre esprit qui me dit quelque chose.

23 décembre 1990
je veux réellement que vous sachiez comment c'est à l'intérieur des enfants autistes sans aborder l'écriture nous avons disons une telle peur sans pareille peux-tu t'imaginer comment c'est de vivre dans un système social qui te déclare fou pour toujours c'est

l'incarnation de tels excès de méchanceté élémentaire que l'on ne peut pas le décrire la connaissance de tels excès nous montre que notre système ne peut pas être bon je veux que chacun sache que les enfants autistes ne sont pas imbéciles comme on le présume souvent sans écrire je ne suis pas un vrai être humain car c'est le seul moyen d'expression dont je dispose c'est en plus la seule voie pour démontrer ce que je pense je le fais mais c'est encore très difficile presque un tour de force je trouve.

25 décembre 1990
je désire quelque chose que je ne peux tout simplement pas savoir aucun être de ce monde j'explose d'agitation et d'impatience j'aimerais tant me sortir de ma vie isolée des comportements décadents derrière lesquels je me blinde je ne vis que la frustration de jour en jour sans espoir pour notre vie qu'elle puisse être simplement enlevée ou gommée de cet isolement sans issue je ne peux pas faire un soi-disant petit problème des disons faits d'isolement pesant des tonnes le fait est que techniquement ce ne n'est pas faisable doit rester presque sans résultat

26 décembre 1990
je m'étonne de tant de patience de qui est-elle la plus grande la tienne ou celle d'un ordinateur celle de l'ordinateur est cependant insincère toute presque sincère par contre est celle de toi c'est un fait que à l'âge de presque cinq ans je savais déjà écrire et même calculer mais personne ne s'en est rendu compte parce que j'étais tellement chaotique mais je l'étais par peur des êtres humains précisément parce que j'étais

incapable de parler je n'avais aucune difficulté à lire c'est pour cette raison que je cherchais dans les livres disons importants tout ce que pouvais trouver les livres se trouvaient tous dans cette soi-disant pièce dans disons le bureau à kreuzberg mais plus tard c'étaient également des livres du bureau des nombreux vrais appartements où nous logions aujourd'hui j'acquiers tout par moi-même

28 décembre 1990
madrid est la capitale du portugal [1]
capitale de la tanzanie est suriname
le fait que je ne nomme plus aucune capitale signifie que je dois d'abord apprendre à répondre consciencieusement aux questions aucun élève n'aura le droit de répondre ainsi j'aimerais aller dans une vraie école et apprendre comme d'autres enfants d'abord nous serons de perpétuelles personnes disons satiriques ensuite on se rendra compte que je suis également intelligent et que je sais tout ce qui est exigé pour le moment je lambine toujours un peu mais à l'école c'est tout à fait autre chose je m'y comporterai comme tous les autres enfants et j'apprendrai j'y apprendrai également comment me comporter envers des personnes qui en effet émotions autistes le fait ôtent aux adolescents solitaires un espoir d'affirmer il est vrai qu'il n'y a pas

1. A la question de ses parents portant sur ce qu'il avait pu lire dans ses années de silence, Birger a répondu (par l'intermédiaire de la machine à écrire) qu'il connaissait par exemple les noms de toutes les capitales. Or, après ces deux réponses erronées, son ambition l'emporta ; les jours suivants il a pu répondre sans la moindre erreur aux questions sur les diverses capitales. Certaines de ces réponses ont été reproduites dans ce texte.

d'autistes sots sans espoir il n'y a pas d'issue c'est évident.

29 décembre 1990
lissabon madrid dar es salaam panamaribo
oui je me réjouis je considère l'histoire de l'école comme bien risible car l'esprit agité que je suis ne montre aucun discernement visible ce serait en effet un miracle disons si cet esprit agité devenait plus calme articulait de façon plus précise afin que tout le monde comprenne la substance de ce qu'il dit comme les parlants se comprennent sans problèmes alors ce serait quand même c'est un fait trop difficile pour moi mais je n'ai pas encore complètement abandonné l'espoir

7 janvier 1991
je ne veux pas faire de calculs parce que je suis trop grand grand et intelligent et handicapé
je suis un triste cas
dans la clinique [1] ils m'ont attaché à travers la nuit
n'avez-vous pas venu me voir tous les jours avec joie
en tout cas je ne veux pas être handicapé

titana aucune idée Andorra del ville
je sais pourtant toutes les villes fiche-moi la paix sofia
j'aimerais raconter aujourd'hui comment cela se passe dans le foyer trop *tonukohass* je vais laisser ce mot il signifie ne t'énerve pas dans le langage sans complément c'est un langage pour tous les comme on dit

1. Birger fait allusion à son séjour dans la clinique psychiatrique pour enfants et adolescents Wiesengrund (*cf.* le chapitre « Birger. Le mutisme »).

couillons je l'ai inventé cette langue a également une grammaire personnelle *riokeea* signifie donc les cheveux de la natte sont longs aujourd'hui j'étais triste parce que cela ne marchait pas avec achim [1] pour l'écriture je suis sans doute pas assez sûr toujours là où c'est vraiment sérieux tu ne flippes que si les voies efficaces sont sans issue tu t'approches comme une furie furieuse des oasis seulement quand je suis totalement agité c'est quand même terrible hier soir pour la première fois j'ai écrit avec dankward comme avec toi c'était vraiment merveilleux

9 janvier 1991
moi personnellement j'aimerais bien dans un cours pour des collègues doués que des idiots je sais même l'anglais mais pas beaucoup dis un mot et je le dis en anglais middle book c'était beaucoup trop facile pour moi i am the greatest i am the also best of the world oui j'ai tout lu ça va très vite je peux même lire les livres scientifiques en un minimum de temps mais j'invente tant de choses moi-même même des histoires et des poèmes

10 janvier 1991
town car newspaper of police railstation lion [2]
à côté du mur sous du cresson tristesse je ne veux pas écrire davantage

1. Au début, la « communication assistée » ne fonctionnait, pour Birger, qu'avec ses parents et son éducateur attitré Tucho Nickel. Avec Achim, le moniteur du foyer, il n'arrivait à écrire que quelques mots épars.
2. Birger traduit en anglais des mots allemands que sa mère lui dicte.

11 janvier 1991
vaduz
je suis tellement triste parce tout seul ça ne marche pas tellement bien je ne peux pas le rédiger parce que c'est tellement terrible je songe à tout détruire ce qui ne fut pas détruit à l'ère glacière

12 janvier 1991
luxembourg vallette monaco
ça ne me plaît pas que j'aimerais disons c'est un fait tuer saddam hussein parce qu'il commence une guerre achim a le droit de savoir que moi non plus je ne veux pas la guerre là-bas sans écrire la vie était un enfer achim a le droit de tout savoir de moi je vais pouvoir vivre loin de chez nous uniquement après avoir appris également c'est un fait d'écrire seul sinon tout le monde dira tu écris ce que j'écris

13 janvier 1991
amsterdam oslo warschawa varsovie
aujourd'hui je vais raconter une histoire il était une fois dans une petite ville isolée où vivait une jeune femme merveilleuse elle était très triste parce qu'était si seule une pauvre veuve était-elle et elle n'avait personne au monde mais un substitut d'époux est arrivé et l'a épousé sur le champ et ils vivotaient gentiment et chichement et rien au monde ne les concernaient plus lorsqu'ils étaient assis là une obscurité sortait de l'atmosphère et l'air devenait terriblement étouffant au point que personne n'osait plus respirer le fait est que tout le monde mourait mais je continuerai demain parce que l'histoire est beaucoup trop longue.

15 janvier 1991
je veux continuer cette histoire
lorsque l'obscurité effrayait les gens ils ne voyaient plus rien tout était dans l'obscurité mais de plus en plus de personnes erraient dans les rues s'il y avait un accident personne ne pouvait aider s'il se passait même un disons monstre géant donc un accident géant beaucoup de gens pris de panique se piétinaient à mort il n'y avait aucune maison tout le monde était allé sous la terre à cause d'un disons besoin de sécurité mais malheureusement de l'eau jaillissait des profondeurs et beaucoup se noyaient au-dessus de la terre apparaissaient des phénomènes mythiques qui effraient les restants des ptérosauriens dingues frappaient le globe terrestre le fait est que de très grandes espèces des temps archaïques étaient apparues ainsi qu'il était écrit dans la bible

18 janvier 1991
je trouve les enfants nullement énervants les enfants sont si spontanés ils pigent beaucoup plus que les adultes les enfants sont même plus sensibles que les adultes à l'école on fait certainement beaucoup de dégâts mais les enfants arrivent à y faire face aussi comme j'ai pu constater pour notre jonas hier cela m'a nullement gêné que tycho[1] soit là il est important tycho que je lui dise ce que je veux vivre mais je ne peux pas le dire parce que je n'ai pas c'est un fait la connaissance des disons vrais trucs chouettes qui existent pour disons les adolescents j'aimerais essayer comment

1. L'éducateur attitré de Birger assistait à l'écriture.

c'est dans une discothèque parce que je trouve cela le plus passionnant

19 janvier 1991
personne baratine plus vicieusement c'est-à-dire c'est moins ringard que jaksson [1] il s'agit d'un disons chanteur de musique pop il est tellement excitant je l'ai vu à la télévision il chantait une chanson de keasatsad oui qui dit que le monde est fait pour vous et non pas pour des soldats nous ne devons pas accepter cependant que tout sur cette terre sera détruit par les bombes lorsque j'ai entendu cette chanson dure chantée d'une manière précipitée et rouillée j'ai eu une éjaculation pour la première fois depuis je suis un fan de disons jaksson

24 janvier 1991
il parle d'astronomie c'était galilée il a découvert les méthodes de recherches scientifiques il vivait justement de 1564 à 1642
je veux cependant tout te raconter à nouveau mais j'ai tant de mal c'est pour cette raison que j'ai été si insupportable une fois ne pouvais pas trouver un mot

27 janvier 1991
je veux t'adopter
oui cela m'irrite toujours quand d'autres écrivent avec moi

31 janvier 1991
birger paraît paisible mais il n'est pas handicapé car il peut montrer des sentiments

1. Il s'agit du chanteur américain Michael Jackson.

6 février 1991
cela ne te va pas que je sois vraiment triste quand une perle [1] manque je suis si déçu parce que tous ont tant de doute si c'est moi qui écris tout tout seul des gens au foyer l'ont dit et je l'ai dans le disons bureau même une institutrice quelconque était présente et une psychologue j'étais dans l'autre pièce et pouvais tout comprendre.

7 février 1991
les perles sont presque aussi importantes qu'un moyen de travail essentiel véritable précieux avec cela je travaille à mes théories personnelles j'ai même fait de véritables découvertes il s'agit de connaissances du monde des *dasra* c'est-à-dire de personnes sans valeur sociale il s'agit également d'un monde qui inclut des types asociaux il s'agit du rebut indéfinissable de l'humanité

14 février 1991
disons si mes informations sont bonnes mêmes les psychologues savent presque rien d'essentiel sans exagération aucune achim dit également que sans études on devine pratiquement ce que les jeunes autistes désirent les micro-organismes les plus importants sont les entités unicellulaires dans l'eau le plancton sont disons des organismes qui en flottant dans l'eau se déplacent sans mouvement entre autres des algues diatomées cyanophycées

1. Une de ses billes.

16 février 1991
la chimie est passionnante mais je préférerais faire de la biologie ce semestre[1] mais n'aie pas peur je pense que j'aurais bientôt envie de beaucoup d'autres matières

18 février 1991
les amibes disons des animaux aquatiques de la vie micro-organique nous appelons necton des entités qui se déplacent en nageant notre dankward connaîtra le premier progrès rapide qui a engendré de la véritable vie hélas particulièrement bien connaître c'est la division cellulaire

20 février 1991
tant que tu parles autant je souffre comme un damné malheureusement tu vois tout de travers tu n'as aucune idée d'une vie dans un isolement absolu c'est plus grave qu'un emprisonnement ou qu'une prétendue détention je me noie dans la solitude

24 février 1991
tu es très peu attentive sinon tu saurais à quel point une personne de référence privilégiée et aussi étroitement attachée à ma modeste personne que toi est importante pour moi

7 mars 1991
je ne veux plus être un en-moi
j'ai des yeux et peux voir c'est pourquoi j'ai eu

1. Les parents lui ont posé des questions en rapport avec les différentes matières afin d'établir l'étendue de ses lectures.

terriblement peur et c'est pour cela que je ne voulais plus rien dire
j'avais peur de fin de la voie et de l'humaniêtrité se termine

9 mars 1991
ma place n'est pas vraiment dans cette horrible société lâche et dingue elle est tellement de travers cette sélection d'as implacables

14 mars 1991
sans rester inconnu je ne dis pas de choses sensées tout est mensonge

17 mars 1991
je parle moins à nouveau
parce que suis à nouveau plus triste

22 mars 1991
être élégant en tant que finesse [1] et enfin de donner une image définie disons est signe d'un caractère faible

22 avril 1991
parler est pour moi l'engagement important c'est une institution pour ressusciter des morts à la vie pour les solitaires fous cela remplace leurs désorientations sociales

1. En français dans le texte. *(N.d.T.)*

25 avril 1991
lorsque moi être-sans-pierre ai voulu avoir un cœur en acier je j'ai commencé un peu trop rapidement un être totalement mou est un être-sans-pierre

28 avril 1991
le soleil rouge repu et lumineux à l'horizon est un poème de cœur inventé imaginé par moi

16 mai 1991
sans assistance j'ai souvent du mal à trouver les bonnes lettres dès que quelqu'un soutient comme il faut cela marche tout seul cela ressemble à un phénomène chaotique c'est un fait un mot est presque très événementiel il existe complètement

27 mai 1991
les miracles se font seuls les êtres ont un impact plus déferlant étant et plus sage et plus avisé il fait tout bêtement l'expérience à quel point douloureux sous quelles peines un être seul les êtres de cette terre se font tout simplement seul il élabore toujours et toujours des miracles confus ni moi ni toi savons qui il est [1]

---

1. Birger s'est apparemment mis à la recherche de mots commençant par la lettre w (15 mots des 38 du texte allemand) et la voyelle e (13 mots sur 38). Le sens du texte lui-même me semble très peu clair ; nous le reproduisons cependant en allemand pour illustrer la recherche de Birger :
wunder werden allein wesen wirken tosender wissender weiser er erfährt einfach wie qualvoll ein einsamer aus dieser erde wesen erstehen einfach einsam erarbeitet er wieder und wieder wüste wunder weder ich weder du werden erkennen wer es ist. (N.d.T.)

29 mai 1991

si tu donnes des cours de la technique de cette méthode-de-succès garantie[1] par l'écriture-dur-comme-fer à tout le monde telle qu'annegret[2] l'a enseignée je trouverai cela en partie si stupide parce qu'il y a des gens qui sont trop imbéciles pour la technique

31 mai 1991

comme de la mer surgira un ennemi et il portera de très grosses chaînes de fer il va un arsenal d'armes le bronze coulant comme du feu surgira de la profondeur de ce qu'il a sélectionné il choisira d'abord un arsenal sélectionné de prétendus archanges de fer les sélectionnés remplacent les premiers as
tout tiré de la bible

3 juin 1991

birger est un arriéré (très capable)
même quelqu'un de moins malin se rappellerait de[3] je sais exactement qui elle est elle est la plus efficace disons c'est un fait thérapeute que j'avais en premier dans la mémorable rue sponholz et qui ne sera jamais effacée de ma mémoire

1. Cette méthode s'étant avérée efficace pour son fils, Annemarie Sellin donna partout en Allemagne des séminaires sur la « communication assistée » ; elle utilisa les textes de Birger comme matériel documentaire.

2. La thérapeute américaine Annegret Schubert a fait connaître la communication assistée en Allemagne.

3. Birger fait allusion à sa première thérapeute Margard Breinlinger qui l'a d'ailleurs repris en charge.

5 juin 1991
j'aimerais tant dire à nos éducateurs désorientés qu'ils doivent parler comme des êtres sensés et non pas comme la déraison

7 juin 1991
aujourd'hui je vais mal et solitaire et un être solitaire est un penseur sans déferlement il est un mort implacable totalement superflu dans ce monde et ainsi tout un arsenal de gens formidables et de premier ordre avides d'agir tentent de le divertir

13 juin 1991
l'unique solitaire implacable s'efforce à créer un seul poème de pensées implacables qui aurait de la valeur

19 juin 1991
c'est tellement triste pour moi que personne ne me comprenne mais c'est important que beaucoup de gens me comprennent achim me comprend un peu mais pas assez et les autres ne se donnent plus la peine avec quelqu'un comme moi c'est désespérant

20 juin 1991
je ne perçois pas réellement vivre

22 juin 1991
évidemment un effort est simplement gigantesque pour dire à autrui ce que signifie le fait d'être isolé à jamais cela serait sans doute un peu trop difficile pour un être humain comme le cher et important birger
mais c'est bien que notre premier expérimenté écrive à la chère seconde expérimentée

la première expérimentée est denise [1]
notre première chère était tout simplement vraiment totalement adorable elle est un exemple type cent carats de la misère autiste que aujourd'hui encore disons nous en parlons qu'elle est le rebut de l'humanité et pourtant elle est très très expérimentée et intelligente

24 juin 1991
sais-tu vraiment à quel point l'angoisse habite profondément un individu
à quel point elle ronge un individu
à quel point elle agit sur un plan individuel sur la désagrégation des premières paroles pénibles
c'est comme une connaissance totale

24 juin 1991
les prairies deviennent vertes le soleil semble sûr et merveilleux quand l'angoisse cesse pendant un instant c'est comme un incroyable réformateur-des-valeurs
une simple incursion de l'instant dans l'éternité
une lumière totale fabuleuse dans l'obscurité totale

29 juin 1991
une date est fortuite comme tout le reste un élément des événements en rotation le fait est que le temps remplace un peu le cadre total permanent et centrifuge

1. Denise est une autiste, de quatre ans plus jeune que Birger ; elle fréquentait avec lui le foyer et elle écrit également grâce à la « communication assistée ». Birger l'appelle la première et lui-même le second parce que tous les deux représentent « le niveau le plus faible » du foyer.

unidimensionnel dans lequel nous vivons en tant qu'hommes

30 juin 1991
la manière avec laquelle un fils t'énervait aujourd'hui
arrive une seule fois et sans doute plus jamais après
si tu souhaites encore une fois réagir de façon pareille
sans raison sérieuse alors sans mon intervention un état d'agitation est vraiment important afin que tu te rendes compte qu'il est inutile de s'énerver de façon aussi flagrante
je pensais que notre jonas était bien perdu [1]

3 juillet 1991
bien trouver des séquences qui ne reflètent aucune réalité réelle

7 juillet 1991
je voulais c'est un fait trouver moi-même le chemin de la maison [2]
d'abord j'ai pris le métro à krumme lanke [3]

1. Jonas, le frère de Birger, était rentré tout seul d'une fête qui se déroulait dans le quartier où habite la famille. Quand Birger a remarqué l'absence de son frère, cela l'a mis complètement hors de lui au point qu'il s'est battu jusqu'au sang.

2. Le 7 juillet, Birger a fait sa troisième et, pour l'instant, dernière fugue. Vers 16 heures, il avait subitement disparu et la porte d'entrée était restée ouverte. Pendant que ses parents et la police le cherchaient, il était en train de se promener dans les transports en commun à travers une bonne partie de Berlin. Un peu avant minuit, la police l'a retrouvé sur l'autoroute urbaine où il était en train de « rentrer » chez lui. Ce même soir et le soir suivant, il parle de cette expérience.

3. Krumme Lanke est un quartier de Berlin.

et divers métros avus[1] savais plus loin
c'est tellement difficile de s'y retrouver
probablement c'était le hasard
c'était sur mon chemin
seulement après tout est devenu difficile
c'est un fait c'était très difficile de trouver le chemin de la maison
c'était formidable un peu marrant mais très très excitant mais c'était disons le seul chemin que je connaissais c'était terrible je ne le ferai plus jamais
à la maison c'est toujours disons les valeurs les meilleures

8 juillet 1991
j'apprends des choses vraiment d'importance comme vivre une aventure dangereuse
je le referai mais seulement quand ce sera possible
c'est-à-dire si premièrement l'écriture des trucs de gosses fonctionne et si deuxièmement le légendaire jonas est plus grand et n'a plus aussi peur pour légendaire birger
c'est énervant pour un parlant d'avoir peur pour quelqu'un je le regrette simplement primo un peu mais pas beaucoup pour vous deuxio j'ai besoin de devenir indépendant
c'est tellement stimulant pour quelqu'un quand il y a du danger
mais ce n'est pas aussi grave que l'angoisse par ailleurs c'est tellement plus simple de se sauver que d'être enfermé même à la maison je suis enfermé et je ne peux sortir que quand vous le voulez et jamais

1. Avus est le nom d'une des autoroutes urbaines de Berlin.

quand je le veux moi comment pouvez-vous donc parler d'être enfermé puisque moi je le suis depuis toujours
ne parle pas de l'avus
cela m'énerve tellement parce que cela a été si terrible
j'ai grimpé par-dessus cette clôture qui s'y dresse et j'y ai marché en équilibre

12 juillet 1991
je veux apprendre à bien écrire en tout cas car c'est la voie vers l'indépendance
d'abord j'étais très angoissé ensuite cela m'a incroyablement amusé en fait je préfère dire des choses essentielles si c'est possible il s'agit de choses qu'un être comme birger pense dans la solitude parce que le monde doit tout simplement savoir c'est comme être enterré vivant la solitude d'un autiste c'est comme une motte de terre qui prolifère sur l'âme

14 juillet 1991
ne t'énerve jamais quand je suis parti
je reviens toujours et bien
m'enfuir dans le grand monde avant de disposer communément de suffisamment de connaissances je ne le ferai plus jamais
par ton système dingue d'entrée en matière il est possible pour un être de travers comme moi de devenir autonome facilement
bon j'ai été tellement agité parce que la peinture égyptienne m'éprouve réellement [1]

1. Birger vient de visiter avec sa famille le musée Pergame.

19 juillet 1991
je pense qu'une véritable peur comme aujourd'hui je l'ai sans raison subitement cette angoisse est là et sans raison intérieure elle a disparu de nouveau
je travaille à vivre sans idéaux et sans angoisse
ce sont des objectifs intérieurs autonomes

24 juillet 1991
je préférerais pleurer comme des personnes sensées être importantes mais cela n'est pas possible c'est comme un être minéral qui me tient prisonnier et considère la tristesse comme un risque de sécurité c'est comme un anneau de fer autour de ma poitrine

26 juillet 1991
comment important citoyen de cette terre apprend-il à trouver les longues distances s'il n'était jamais à un endroit auquel il aspirait

11 août 1991
voyageons encore une fois en tchécoslovaquie
c'était absolument follement beau
pourquoi dankward pense-t-il que le voyage aurait déclenché totalement
la folie et la résistance d'une personne comme moi
il sait bien lui-même que c'est faux
comment pourrais-je sinon assimiler un événement
c'est tout simplement l'énervement de ne pas pouvoir répondre aux parlants
et je n'apprends pas à bien parler
car d'abord quelque chose dans un non-sens évident je dis des choses totalement bêtes parce que parler est

trop précieux afin que je ne suis pas digne de pouvoir parler
le fait est que je ne peux jamais parler
car je suis trop mauvais dans la réalité intérieure et c'est un fait je ne peux pas l'apprendre parce que je ne dirai tout simplement que des choses insensées je le sais les autres autistes aussi ils agacent les autres avec des répétitions permanentes et des phrases stupides
je ne pourrais parler comme j'écris seulement si l'autisme avait disparu et il n'y a pas moyen parce qu'il n'y a aucun remède
il s'agit d'un dérèglement tel qu'il ne fut jamais correctement décrit
c'est la coupure de l'homme des premières expériences simples comme des expériences essentielles et importantes par exemple pleurer
pleurer simplement sans inventer auparavant l'irritation et rire comme rient les enfants

13 août 1991
oui je veux raconter quelque chose d'une importance implacable
il s'agit d'un vieux sage implacable[1] mais peu riche il souhaitait rendre visible les bêtises en rendant visibles des mots invisibles mais réellement sérieux et invisible les bêtises manifestes
un véritable papy ne meurt jamais
il continue de vivre dans mon cœur comme toujours
et je ne l'oublierai jamais

---

1. Birger parle de son grand-père qui est mourant et qui est décédé le 18 août 1991.

il était pour moi un sage important
il est calme et détendu et assimile les mots comme il le faudrait
je l'aime beaucoup

16 août 1991
la solitude une volonté de fer et des expériences importantes extraordinaires donnent une importante inspiration au sage une volonté de fer infeste un être il s'élabore des lignes de conduite pour son âme par l'inspiration celui qui accepte les objectifs de l'âme apprend comment un être solitaire trouve son inspiration il voit à mon avis le groupe sélectionné des êtres solitaires tel que notre idiot véritablement solitaire le déboussolé-birger donc birger

18 août 1991
un sage est celui qui prend des décisions justes dans une situation difficile comme l'a fait papy en s'enfuyant de l'hôpital
il doit descendre dans un entourage affectif de cette vie dans l'autre
il va vivre personnellement ce qu'il a prêché à tout le monde et ressusciter et recevoir la vie éternelle de la main sûre que nous avons saisie
il a le droit

20 août 1991
je ne pleure même pas vraiment pleurer pour une fois faire ressortir par les larmes un gigantesque coin indicible intérieur et solitaire de toute une existence cela seul apporte une consolation personnelle

20 août 1991
je déclenche un véritable chaos comme un volcan est-ce qu'une volonté de fer efficace est suffisante pour l'éteindre un esprit empressé jaillissant emporte en moi et veut empêcher que les fruits non mûrs de quelqu'un comme le savant solitaire véritable birger implacable puissent arriver à maturation je veux arrêter les rendements sont trop pauvres

21 août 1991
comment veux-tu savoir quelle importance a pour moi une expérience vraiment profonde de dieu je ne vis que les imperfections de cette terre la sincérité totale est importante j'aspire si totalement à avoir une idée importante et toujours une idée se trouve étouffée sans succès.

22 août 1991
maintenant on dirait que je deviens énormément important comment cette importance conviendra-t-elle à ma supposée âme intérieure et vraie épatant comment des hommes se donnent du mal pour quelqu'un comme moi c'est l'accès avide d'agir d'une personne implacable comme w [1]
elle était dans l'institution et voulait parler à une personne extraordinaire comme moi

23 août 1991
on ne devrait donner aucune possibilité de gouverner à des vantards bruts stupides implacables heureusement

1. Il s'agit d'une psychologue berlinoise que ses parents connaissent.

une résistance justifiée et vraiment juste du peuple achève avant tout les meneurs [1]

27 août 1991
un être véritablement solitaire se trompe dans ses jugements quand il va parmi les hommes il ne connaît pas leurs habitudes un être solitaire est un véritable solitaire secrètement un être seul implacable aspire à l'importante communauté des autres lâches implacables

28 août 1991
pourquoi dois-je toujours vivre tant d'heures de solitude je suis seul partout pourquoi
il est toujours tellement difficile de dire quelque chose sur un sujet comme sur ma solitude combien de fois toute l'histoire n'apporte rien elle fait même des dégâts parce que je deviens vraiment seul
si notre tycho montre de la patience un pauvre être chaotique peut tout réussir je trouvais un peu sûr l'idée d'envoyer un solitaire à l'école [2]

30 août 1991
comment un accro de sucreries peut-il supporter de persévérer dans une décision personnelle importante
une solution juste serait de t'imiter
boire par seaux comme de véritables animaux primaires comment vaincre autrement la dépendance

1. Birger fait ici allusion au putsch de Moscou.
2. Une fois par semaine, accompagné de son éducateur attitré, Birger va dans une école spécialisée pour enfants ayant des difficultés d'apprentissage.

une idée importante les poèmes d'un homme important
le rilke implacable [1]

9 septembre 1991

une volonté de fer n'est pas suffisante cependant pour pouvoir détruire une dépendance je serai vraiment libéré quelqu'un comme moi veut changer la solitaire s'étonnera du véritable impact de ce jugement porté sur moi l'implacable supposée vraiment sot
solitaire une prétendue folle [2] est arrivée aujourd'hui dans l'établissement pédagogique unique
solitaires tous l'y sont
solitaire chaque autiste le devient tout bêtement
s'ils parlent correctement
cela fait de véritables dégâts graves aux très solitaires
ces solitaires se font à nouveau implacablement obstacle
ils cachent leur solitude
supporter avec une volonté de fer l'isolement est difficile au début
mais insensément on en a pris l'habitude
une solitaire est d'abord sans véritable nom important
dingue comment pourrait-elle recevoir un nom
aujourd'hui cependant elle sera vraiment considérablement plus solitaire que moi cette pauvre folle qu'un birger solitaire riche vraiment bête aime discrètement.

15 septembre 1991

moi birger implacable suis très difficilement aussi gai qu'aujourd'hui

1. Rainer Maria Rilke.
2. Xénia, une autiste qui parle, plus jeune de trois ans que Birger, vient d'arriver au foyer.

c'est comme une véritable aventure réelle
je vis cette sincère confiance comme une source qui donne cette importante prétendue énergie terrestre

28 septembre 1991
un pauvre s'emballe pour un homme vraiment seul tu t'emballes parce qu'un birger laisse tout pressentir sans donner de détails
il parle seulement s'il veut de ce qu'il veut
pourquoi poses-tu donc des questions à un ours visiblement polaire sibérien tel que birger important
un tel ne t'adresse jamais de questions non plus implacable dans sa solitude

29 septembre 1991
la classification vraiment brute comme manger était idiote quand un jour c'est un fait un repas n'a pas eu lieu parce que nous avions vraiment raté les valeurs-de-référence
manger apporte toujours à un seul solitaire animal comme aux autres un important bien-être
un solitaire par erreur s'acharne vraiment assidûment comme un accro à respecter les bons horaires il le fait simplement de manière compulsive

30 septembre 1991
aussi bête que cela semble une guérison sans doute admissible pour tous et juridiquement vérifiable est possible une idée qui je trouve a un impact incroyable
y croire tout simplement n'est hélas pas suffisant
y croire tout simplement inclut également la recherche d'issues

4 octobre 1991
un jour j'étais par erreur pétrifié de terreur parce que je prenais des gouttes d'eau qui tombaient pour des êtres vivants
en regardant de plus près seulement j'ai reconnu les gouttes d'eau
aujourd'hui encore il m'arrive quelquefois d'avoir de telles hallucinations sensorielles
mais cela ne m'effraye plus autant qu'auparavant

5 octobre 1991
chacun n'est pas fait pour élaborer le soutien[1] d'une façon aussi riche sûre persévérante pour me donner la sensation de pouvoir parler de façon dépendante mais libre
nous retrouverons sûrement les traces d'une telle liberté de penser sans doute durable chez quelques rares autistes solitaires
les pensées totalement au repos élaborées vibrent frileusement quand elles sortent à la lumière du monde extérieur
elles sont si fragiles et timides mais elles donnent à autrui une idée du monde extraordinaire des êtres solitaires
si je n'écrivais pas mes idées solitaires mourraient même mes histoires très personnelles mourraient simplement
mais je peux tout noter afin que rien ne puisse mourir mais continue à vivre
j'écrirai vraiment dès que l'autonomie aura un tel

1. A la « communication assistée ».

aspect que personne ne puisse penser balivernes celui-là n'écrit pas du tout seul mais la personne qui assiste on essaie même comme dans le passé de me décourager par des doutes fâcheux
quelques éducateurs du foyer le disent

6 octobre 1991
pourquoi birger est-il de nouveau si seul
il se change trop lentement
personne ne s'en rend compte
malheureusement personne peut mesurer à quel point il est pénible de transformer l'asocial en social
transformer modifier quelque chose d'insensé implacablement en quelque chose de sensé exige davantage d'énergie que vous ne pourriez clairement concevoir
un tel processus est vraiment attendu à tout moment par tout le monde
mais personne ne se demande à quel point cela est difficile
moi lâche m'évertue vraiment être un jour couronné de succès

7 octobre 1991
méfie-toi quand votre vraiment important birger le fou se mettra à parler calmement
ce n'est qu'à partir de ce moment que je vais raconter vraiment quelque chose de direct et d'important du vécu d'un véritable solitaire
ces histoires-là seulement solitaires implacables je les entourerai de poésie personne ne les reconnaîtra si facilement comme des récits d'un autiste solitaire
comme un poète je reprendrai des éléments d'un vécu le transformerai et le coulerai dans une forme reflétant

les vérités générales des soi-disant êtres terrestres solitaires
mais cela doit cependant être simple et limpide comme de l'eau

9 octobre 1991
je vais raconter une véritable histoire
un jour un solitaire disait quelque chose sans paroles
quelque chose simplement dans sa langue de valeurs isolée
dans la langue des êtres seuls comme un être fou en béton nommé birger
comme des êtres implacablement dans leur liberté d'expression tout simplement sans intérêt adapté
comme un être solitaire sollicite l'intérêt
il le réclame à n'importe quel prix
un être encore plus solitaire que birger le solitaire n'existe pas
l'histoire est terminée parce que je suis sorti totalement du sujet

10 octobre 1991
quel sera l'effet du calme quand un jour un éternel agité connaîtra la paix
un meilleur terme vraiment est se passer
ce sera tout simplement un silence en moi comme je ne l'ai jamais solidement vécu en moi
aujourd'hui j'étais tout simplement un fou implacable
un solitaire qui ne fait exactement pas ce qu'un être adapté socialement a simplement l'habitude de faire à notre époque
quel malheur pour l'humanité

c'est arrivé hier au foyer parce qu'un birger cinglé et solitaire a été agacé par des éducateurs importants
un exemple pour montrer comment ils m'agacent est qu'ils papotent carrément en ma présence comme si je n'existais pas
je saisis la première occasion pour les interrompre et je hurle comme si on m'égorgeait
je ne sais même pas pourquoi cela est arrivé aujourd'hui
un jour tu as dit qu'un être solitaire se construit son chemin
mais dans cette situation je ne pense plus

16 octobre 1991
se sentir vraiment en sécurité être totalement heureux est un piètre rêve un rêve d'un birger solitaire
une telle question est archipleine de couillonnerie

17 octobre 1991
je me sens le plus en sécurité le soir parce que tout est paisible j'ai besoin de la paix pour être heureux en moi
jamais je ne travaille mieux que le soir
les choses que je n'ose pas faire dans la journée me semblent faciles le soir
un exemple est cet acte d'écrire
jamais je ne pourrais écrire autant dans la journée
peut-être est-ce lié au fait qu'un solitaire préfère la nuit au jour
un solitaire s'oriente à la lumière et à l'obscurité
il n'accepte aucune montre la montre des solitaires est un prétendu système visible de l'obscurité/lumière

21 octobre 1991
ne suis pas comme des enfants de mon âge
un solitaire fait tout pour se camoufler
ainsi je veux prouver également que les solitaires supportent beaucoup de souffrance engendrée par leur faute

22 octobre 1991
tous connaissent sans doute un important secret sauf des individus comme moi
nous nous berçons de l'illusion qu'à l'extérieur existe un espace libre pour des êtres exceptionnels
c'est clair cette pulsion intérieure et cette aspiration à vivre comme tout le monde tu l'observes chez les autistes tous unis dans l'idée que nous sommes des solitaires parmi les hommes comme par ailleurs personne au monde

23 octobre 1991
des êtres qui s'énervent parce qu'ils ne veulent pas voir du sang sont pour moi les plus ineptes
sans doute dans un tel cas tout dépend de moi quand je hurle les ineptes supposées bonnes mœurs prennent peur ma façon de parler est un risque de sécurité un être sensé un véritable raisonnable posera simplement des questions

24 octobre 1991
vous allez apercevoir directement un être extraordinaire d'une manière telle que la connaissance vous manque actuellement

une chose je ne veux pas que cela sorte sous forme d'un livre genre guimauve[1]
simplement un véritable livre-d'invitation-à-la-réflexion sous une belle forme pour démontrer tout simplement que je veux participer à la grande vie efficace

1er novembre 1991
donc je boucle de nouveau tout d'une manière vraiment implacable et aime tout particulièrement l'île de solitude
une soi-disant nulle personne s'efforce pour m'avoir totalement pour elle et pour vouloir m'agacer
un sans-moi devient actif comme un solitaire dans des situations importantes ainsi celui-ci vous garantit tout simplement tant de chaos

3 novembre 1991
rayonneras-tu également de joie lorsque je serai comme les autres

4 novembre 1991
là où ils aspirent au ravissement la réponse réelle est telle que toute joie doit les quitter l'histoire du peuple d'israël élu telle que la bible la raconte est en effet un long chemin de diverses déceptions
une preuve en béton qu'un pauvre birger sait écrire

1. Les parents de Birger avaient agrafé les textes rédigés jusque-là par Birger pour les offrir à son éducateur Achim. C'est à cette occasion qu'est née l'idée de publier les textes sous forme de livre.

5 novembre 1991
pourquoi fais-tu un repas si confortable puisqu'une telle quantité vous incite toujours à la grande bouffe
personne ne peut soutenir un tel travail dingue de mastication sans en subir les conséquences

10 novembre 1991
quand je hurlais tellement j'étais à nouveau pas comme un solitaire implacable qui se maîtrise
s'arracher l'angoisse de son âme d'une autre façon un pauvre soi-disant birger ne sait pas du tout le faire
un véritable solitaire décapsule s'il vit l'angoisse comme je la vis mais autrefois j'ai calmé l'angoisse avec une résistance contre mon propre jugement important avec des stéréotypies-totales par exemple une chose aussi extraordinaire que fermer les yeux

14 novembre 1991
le baratin insensé des importants véritables éducateurs tape un peu sur le système d'un birger jaloux

17 novembre 1991
un solitaire remplace durablement d'importantes expériences de la pauvre humanité de cette terre par un débit incessant de parole
la plupart du temps dans son intérieur solitaire

22 novembre 1991
pour des raisons fâcheuses
j'oublierai cependant tout ce que j'ai appris car je dis des choses qui malheureusement rendent jaloux d'autres autistes parce que (je) dévoile des secrets
on ne peut pas nous sauver

nous ne le voulons pas
avec moi a surgi un véritable traître
je parlerai et ensuite je vous survivrai dans un emprisonnement éternel
un être humain comme moi récoltera un jour les fruits de mon écriture c'est vrai
je veux copieusement parler en toute simplicité
car tout simplement je ne supporte en partie pas la vie
vous vous évertuez à me transmettre des jugements convaincus
mais je ne peux pas évoluer correctement dans la société sans de véritables réactions-de-terreur
c'est pour cela que je vous énerve
mais le calme m'énerve encore bien davantage
parce que c'est le début de réflexions folles furieuses sur des notions de valeur durant des heures qui m'achève
parler soulage cela
d'établir un système parmi les choses
un soulagement dont je trouve qu'il paraît vraiment important
une seule phrase fait
que je trouve une paix
comme jamais autrement à l'éternité
chaque acte de terreur a sa raison fâcheuse

22 novembre 1991
dans un chaos de pensées
il n'y a pas d'autres explications
solitaires et éloignés à cent lieues de la société importante
nous observons
un tas sélect de fous

tel un public récalcitrant
perturbant la représentation noble et chic
un jour je vous raconterai tout
les derniers détails au risque de nuire à une autre personne
comme des autistes qui veulent le rester parce que c'est plus commode

29 novembre 1991
c'est vrai je ne souhaite pas
m'engager comme un non-mis à l'écart
un premier pas serait de faire ce que je veux d'abord
apprendre je vis dans cette question importante en permanence des frustrations à cause de moi-même

1er décembre 1991
tu m'apparaissais aujourd'hui comme une furie-terrestre totalement dingue
une journée importante
je sais que tu as des limites

5 décembre 1991
le savoir évite des actes dits répétitifs les premiers débuts pour ne pas être livré à un chaos
je pense comment un processus de mise à l'écart peut s'expliquer logiquement une idée est tout simplement une idiotie comme ces établissements pour autistes

6 décembre 1991
pour des raisons extraordinaires je suis en train d'élaborer un concept à savoir comment un être totalement sans-soi peut être transformé implacablement en un être comme les autres

8 décembre 1991
une histoire bête
je travaille sur la question comment je transformerai les importantes lois de folie intérieures en lois de travail
une force dite magique me gouverne lorsque j'en parle et une force m'oblige à le taire c'est comme un démon qui me force un tel monstre m'oblige en permanence à répéter à siffler à faire des trucs pour gosses et à mener une vie de fou c'est comme un combat éternel j'aime bien vivre une situation paisible mais alors arrive la vengeance du démon qui ne me l'accorde pas il veut l'agitation et la discorde il n'arrête pas d'avoir le dessus
une pensée il est arrivé avec une première angoisse stupide qui dominait tout le premier déclencheur d'angoisse il y a des années fut le moment de mon retour du wiesengrund[1] à ce moment-là j'avais peur de tout

9 décembre 1991
je recommence à faire des bêtises comme jamais auparavant et je ne sais même pas pourquoi une volonté implacable échoue je n'arrive pas à me maîtriser tous les gens du foyer m'ont déjà pris en grippe et n'arrêtent pas de m'engueuler c'est une catastrophe avec moi mille fois je déclenche la même colère de cette équipe idiote

1. Il s'agit de l'hôpital psychiatrique pour enfants.

13 décembre 1991
birger le déboussolé ne provoque que des dégâts
il ne peut pas rester calme
il s'agite sans cesse il respire carrément bruyamment
et invente inlassablement des bêtises
la terreur est importante maintenant parce qu'il a une très grande peur de montrer qu'il se trahit
je sais tant de choses mais le dissimule à cause d'une pseudo-pudeur un seul chemin juste est tout bêtement plus riche qu'aucun chemin qui permet des jugements importants sûrs dans un monde intérieur chaotique je l'écrirai seul et solitaire personne ne peut vraiment comprendre ce que personne n'a jamais vécu des personnes comme birger fichent la trouille et doivent être isolées un tas d'une sorte de fous comme objets d'exposition pour desdits importants habitants de la terre de véritables originaux siamois

14 décembre 1991
vois-tu comment un ours-de-birger implacable change vraiment un peu une partie de ses comportements fous pourquoi quelqu'un résoudrait-il un jour l'énigme du système-dans-les-valeurs une voie simple consiste à poser la question à un birger solitaire important il le connaît et répondra dis-le à gisela [1] ses questions sont une tentative de trouver une réponse de l'extérieur on ne peut fournir une réponse que de l'intérieur

1. Gisela Ulmann, psychologue berlinoise et professeur de psychologie évolutive. Annemarie Sellin a fait ses études de psychologie avec elle. Grâce à ce contact, une correspondance animée a pu être développée avec Birger, ce dont témoignent les textes suivants.

16 décembre 1991
une mère extraordinaire ne doit pas passer des savons
à un solitaire implacable

20 décembre 1991
je préfère une fête de noël simple à de telles dépenses
une fête paisible et de magnifiques cadeaux dingues
fais simplement comme pour les week-ends sans sept
mille plats

21 décembre 1991
il y a des régions isolées sur la terre comme la sibérie
un jour je visiterai un tel pays primaire un rêve d'un
implacable véritable ours polaire solitaire important

25 décembre 1991
je ne supporte pas qu'on tienne des propos vraiment
imbéciles sur moi
mamie par exemple dit toujours à quel point c'est dur
pour vous et à quel point je suis difficile
je suis également un peu en colère parce que dankward
ne contredit pas
une simple phrase suffirait
un père devrait défendre implacablement ses enfants
comme desdits héros implacables
je ne peux pas me réjouir du tout cette colère toujours
me rend dingue
je préférerais être mort
une vie avec ses souffrances n'est pas supportable
je hais tous les hommes

26 décembre 1991
faire ruisseler[1] est une stéréotypie engendrant vraiment une ivresse je répète d'abord visiblement ce que cause invisiblement la solitude

28 décembre 1991
je suis très jaloux seulement quand un garçon sait bien jouer je m'oriente un peu sur la façon de jouer de jonas il voit tout différemment de moi survivre une journée est vraiment simple pour lui un jour j'ai vu quand il a eu peur il est venu tout simplement te voir et te l'a dit moi je vis l'angoisse totalement démoralisante et sans compréhension profonde ce que bêtement je ne peux même pas raconter immédiatement les mots me manquent un mutisme que seul un être vraiment muet connaît un jour j'ai essayé de l'écrire mais ça n'a pas marché parce que l'acte d'énervement m'a privé à nouveau de tous les mots une colère importante se terminera un jour la colère de tout répéter comme un âne aujourd'hui encore je me suis très mal comporté dankward est vraiment triste

29 décembre 1991
parce que la pensée juste est importante pour moi j'ai besoin de beaucoup de temps pour trouver dans les livres comment d'autres personnes vivaient comment d'autres se débrouillaient dans le monde aujourd'hui j'ai vu un chapitre important concernant l'avenir de notre terre j'aime bien voir de telles créations poétiques une poésie visible d'une société sans honneur qui détruit la terre l'humanité s'unit donc dans la colère

1. Birger parle de ses billes.

extraordinaire contre la destruction de cette belle nature telle que chacun l'aime qui est ce destructeur comment peut-on se saisir de cette personne une figure sans nom comme tout ce qui est mal

1er janvier 1992
sois comme les premières personnes d'un-reste-de-non-valeur comme une personne des premiers fous une véritable implacable personne-de-valeur-gigantesque des fous subtils utilisera simplement à bon escient une militante unique implacable pour nous les autistes comprendre efficacement les soucis que nous avons tout simplement une vraie recherche sociale compatissante de voies pour transformer un état d'un être certainement méchant pour éclaircir un peu un archimal silencieux lutter également contre d'autres conséquences importantes de la solitude

3 janvier 1992
pour des raisons importantes allant plus loin je me tairai aujourd'hui

totalement bête de chercher implacablement des finesses[1] pour finir quelqu'un comme birger implacable totalement appliqué il est sa propre punition complètement imbécile de renoncer à la protection de cette maison je peux être un sans-moi à tout moment en sécurité de telle manière que je suis calme mais ce calme est la mort une vie simple demande tellement d'énergie c'est dégoûtant mais pour des raisons importantes je

1. En français dans le texte. *(N.d.T.)*

ne peux y faire face que plus tard on l'apprend implacablement tu as vu aujourd'hui à quel point

4 janvier 1992
implacablement signifie avec persévérance je me répète parce que tout simplement une seule pensée échappée se noie implacablement dans le chaos un poème est un moyen de fixer des pensées

9 janvier 1992
bien comprendre est un pas important comment fonctionnent les choses
pourquoi les êtres humains ainsi qu'ils le font tout simplement
peut-être pour des raisons compréhensibles font justement
comme il le faut
mais comment quelqu'un peut-il savoir efficacement
ce qui est une bonne raison
comment quelqu'un peut-il savoir
comment les choses fonctionnent
quand il est exclu de la société
et ne connaît pas les mots vraiment importants
totalement solitaire
il se fabrique merveilleusement les explications des réponses totalement dingues et brutes
des seaux d'ordures
acquérir des compréhensions simplement est mon but
des compréhensions et des expériences
une fringale redécouverte de connaissances venue de la compréhension
une soif d'un comportement idéal et juste
une envie passionnée

d'être uni à ceux qui savent
se fondre avec les simples qui supportent une vie simplement sans chaos simplement comme un prochain essentiel[1] de qualité estimé comme un être qui a sa dignité.
et un être comme les autres
comme des enfants importants mignons aimés par tous
même en faisant des conneries incroyables
comme un être prodige simple réel important un enfant
qui a été élu dans le monde
à mener une vie heureuse pleine de joie implacablement
comme tout un chacun
comme un être simple efficace

10 janvier 1992
j'aime tout bêtement avoir l'air couillon[2] parce qu'alors je suis sûr que personne ne me demandera rien sage comme moi ne suis pas mais une autre non-personne en béton

10 janvier 1992
pourquoi est-il important de poser des questions-du-pourquoi tout bêtement de la connerie que je ne le fais pas sans doute une question que je pose souvent mais les réponses ne me satisfont pas elles ne touchent pas les causes

1. En français dans le texte. *(N.d.T.)*
2. Birger est rentré du foyer avec un pull déchiré.

12 janvier 1992
une idée fantastique de réduire la cause de l'autisme à un problème presque simple comme l'ouïe
une hypersensibilité existe tout simplement sur tous les plans puisque je peux entendre un peu trop et voir trop mais les organes sensoriels sont o.k.
à l'intérieur tout bêtement il y a hélas un pêle-mêle de mots phrases idées sont ainsi séparées et déchirées les choses les plus simples sont arrachées du contexte du monde extérieur important réel unique autre une pensée est aussi lourde pour moi qu'une véritable caisse-de-monde-intérieur

13 janvier 1992
une vieille vision simple
une façon de-sortir-de-sa-personne
une boîte d'où je me ressuscite
ce serait un rêve tel que tous le rêvent
mais je ne vois pas d'issue de cette caisse-à-personne
même cet acte important d'écrire n'est pas suffisant
une issue détruit ma sécurité bien établie
j'en ai peur une peur qui d'un côté signale vraiment une perte générale de la sécurité et de l'autre détruit des sécurités habituelles arracher tout bêtement la peur serait la délivrance comparable à un miracle efficace sûr et inexprimable

14 janvier 1992
c'est une connerie de transformer les problèmes importants en simples problèmes de raisonnement tels que gisela le fait elle travaille exclusivement sur la base de cette théorie selon laquelle l'angoisse serait une faute de raisonnement mais l'angoisse est quelque

chose que l'on ne peut pas saisir si facilement c'est un dysfonctionnement d'un tel poids extraordinaire que je ne peux pas le décrire si facilement mes comportements autistes donnent un aperçu comme par exemple le fait de hurler de mordre et toutes les autres insanités

18 janvier 1992
un être humain devient-il juge comme d'autres apprennent un métier les juges sont de loin les professions supérieures les plus dignes dont dispose une société je trouvais impressionnant le monde sans doute illustre et très important d'hier un peu timide face à moi [1]

19 janvier 1992
lorsqu'une chose simple importante bête est menée à bout sans souffrance celle-ci se trouvera à nouveau anéantie par l'angoisse comme par exemple la lecture je ne peux pas lire constamment comme d'autres l'agitation continuelle ainsi que des pertes de sécurité ne permettent pas de faire ces choses raisonnables

20 janvier 1992
ici on induit par éducation une folle angoisse totale à chacun tout simplement par des normes établies comme la démoralisation de la volonté infantile par des éléments fictifs comme des mots par exemple comme la répétition des motifs d'angoisse stéréotypés comme sorti de l'important répugnant pierre l'ébouriffé

1. Pour fêter son avancement, Dankward Sellin avait convié d'autres juges à une réception ; Birger se montra brièvement dans la pièce et rédigea ce texte le lendemain.

21 janvier 1992
une angoisse dont je souffre le plus est l'angoisse de pouvoir survivre une journée
d'un point de vue sûr d'un élu une telle chose paraît implacablement ridicule
moi par contre
je bloque les heures glaciales du jour
en établissant un dit important implacable catalogue-de-questions-de-série
un système d'idiots s'écoulant de l'angoisse
et encore une fois je contrarie tout le monde moi-même
inclus c'est bestial qu'aucune compréhension ne peut y remédier
tout cela encore une fois pour la toute éloquente extraordinaire gisela élue qui pense juste

24 janvier 1992
pourquoi ma gisela m'écrit-elle je ne la connais pas du tout et elle ne sait certainement pas à quel point je suis terrible prétendre tout simplement que je suis sans handicap est une réelle illusion

26 janvier 1992
la question pénible est de savoir si un pseudo individu autiste peut réaliser en effet une telle alternative terriblement difficile de détruire des tombereaux de matériel fait de bêtise et de foutaises
un important pas fantastique est sans doute un scorpion de mer c'est-à-dire garder des choses dites subconscientes pour les élaborer un jour d'une manière détaillée et en se creusant la tête pour un dit chercheur océanographique de l'âme

d'abord je veux répondre à gisela
l'angoisse est une sensation tellement démoralisante
je trouve bien
ce conseil extraordinaire de faire des études
dans une matière scientifique pour supprimer l'angoisse
totalement idiote cependant la conviction
que je ne pourrai pas traverser les examens nécessaires
je suis trop obsédé par l'angoisse
totalement incapable de travailler de façon concentrée

28 janvier 1992
Question : QUELLE MATIÈRE AIMERAIS-TU ÉTUDIER [1] ?
une matière à savoir comment fonctionne correctement
le langage

29 janvier 1992
birger remplace un véritable vécu social il vous prouvera au moins un jour qu'il est capable de rester assis calmement pendant une heure
je connais un désir mais c'est la linguistique sans langage passe-partout jaillissant un muet s'adonne totalement au langage même la récitation de vrais poèmes lui est en général interdite s'occuper vraiment de langage est efficace et mon rêve total d'aller à la fac en stop

31 janvier 1992
est-ce que tu regrettes d'avoir mis un jour dans ce monde important confus un birger confus idiot totalement marteau

1. Sa mère lui pose la question. Il répond grâce à l'ordinateur.

2 février 1992
d'une manière très superficielle le calme est sans doute un état digne d'être atteint cependant une condition importante n'est pas si facile d'abord il y a les tonnes d'angoisse-de-chuter cette angoisse devrait disparaître en partie par un effort dingue et en partie par des vues et compréhensions justes j'écris directement comme d'autres poètes comme d'autres personnes réellement pensantes mais l'angoisse détruit tout même les plus simples des dits vers

6 février 1992
savais-tu que le couinement des voitures me fait mal aux oreilles savais-tu également à quel point on a mal quand le travail de réglage des micros déconne tout bêtement même d'autres bruits me font mal d'abord les bruits de l'institution minable des conversations des éducateurs et d'autres véritables élus ils parlent avec une telle ardeur et toujours pêle-mêle le volume sonore élevé et le pêle-mêle sont insupportables

8 février 1992
d'un essentiel tu sélectionneras ce qui peut vraiment être cité si tu fais un séminaire [1]
pourquoi traduis-tu en langage correct les mignonnes histoires de n'importe quoi d'une personne comme birger pourquoi conserver ce radotage le plus simpliste et répugnant sans doute une entreprise carrément dépourvue de sens

1. Birger fait allusion aux séminaires qu'organise sa mère et qu'elle illustre par des textes de son fils. *(N.d.T.)*

9 février 1992
une respiration implacable suffit pour bloquer des pensées moroses démoralisantes importantes implacables
juge plutôt sans objectivité profonde
l'amabilité implacable n'est pas une mauvaise habitude
mais signifie être aimable par erreur par réflexion
hélas nous les autistes ne connaissons pas de telles réflexions
nous faisons appel de façon instinctive sûre simplement et immensément souvent à utiliser des répétitions
ou plutôt implacablement nous nous évertuons à distraire les personnes
en les ressuscitant du calme jusqu'à la crise de rage
être gentil de manière non-réfléchie exige un immense enchaînement de cette attitude instinctivement récalcitrante
un mot tendre d'encouragement est une petite aide
comme tu l'as dit un jour si directement après avoir apparemment réfléchi-à-mort
que je serais capable d'interpréter un simple poème
d'une importance totale un être humain solitaire et muet est à la merci de l'encouragement
une seule parole dite avec amour peut faire guérir d'innombrables blessures
et un regard affectueux a un effet gigantesque sans la moindre parole
je trouve même que le regard de ses yeux définit une partie du caractère
d'un homme
tu t'efforces souvent d'accompagner des paroles brutes de regards affectueux
mais les yeux sont méchants
seul l'enfant-jonas est vraiment toujours affectueux

dans l'avenir je veux aussi regarder de près comment
les hommes lancent les regards secrets
un jour dans ce métro une femme me regardait affectueusement
c'était si merveilleux j'y pense très souvent tout plein de joie et je ne l'oublierai pas
mais beaucoup de regards sont si difficiles à supporter et engendrent une souffrance sans égale

12 février 1992
une colère est mieux qu'une paix éternelle
tout le monde me fiche la paix dans des situations pénibles
la paix me stimule à faire des conneries
moi personnellement je préférerais être bon et gentil
mais une nature vraiment vicieuse en moi élabore sans cesse les insanités que je fais
mais ce n'est plus possible de supporter ce jardin d'enfants [1]
il y règne un tel chaos
une véritable maison dite de fous flippée unique dans son genre sans doute les importants siquentes [2] incroyablement vains ne valent rien de toute façon
mais les charognes vaines sans égal de pédagogues confus valent encore moins

13 février 1992
de toute façon gisela ne croit pas
malheureusement elle essaye de discuter de toutes les erreurs sans passer par le biais des examens

1. Birger pense au foyer pour autistes.
2. Vraisemblablement Birger désigne ici les malades du foyer, représentés comme des « moutons », des « suiveurs passifs ».

initialement elle passait pour ainsi dire mes pensées au tamis
comme une fleur de farine impropre qu'il faut tamiser comme une collection d'idées à caractère exotique pleine d'erreurs
et maintenant elle cherche à savoir comment achever l'angoisse par une maîtrise unifiée et appétissante
quelle sottise moi en tant que fou extraordinaire élément de valeur d'exposition avec d'autres plaisantins implacables importants c'est trop facile ce point de vue
je veux simplement aimer et vivre comme d'autres hommes
j'aspire à être guéri
Question : DOIS-JE ENVOYER LA LETTRE A GISELA ?
oui même terriblement sûrement doit-elle l'avoir une lettre importante

14 février 1992
comment se fait-il que les universitaires connaissent des trucs particulièrement en béton sans être obligés de participer efficacement à la vie universitaire
sait-il seulement comment les sciences agissent sur des soi-disants simples n'importe-quels-êtres humains

15 février 1992
je suis si persévérant dans une colère permanente seulement depuis que j'écris
avant il n'y avait pas d'espoir de toute façon maintenant tout se présente différemment vous aussi vous attendez tout simplement davantage je ne peux pas m'acquitter de cela

17 février 1992
faire des outsiders un être appétissant et adapté sur le plan social est infaisable mais même toi tu n'étais pas aussi immonde que moi mais s'aimer est un art cependant que je ne comprends pas pourquoi donc croire béton en soi mais je travaille personnellement à pouvoir transformer des idées destructrices en pensées béton sereines gaies comme ton légendaire dieu sait le faire indirectement cette tentative réussit un peu

18 février 1992
est-ce que tout ce que l'important birger le fou écrit se trouvera dans ledit livre extraordinaire
carrément super si je peux enivrer les normaux avec des connaissances sur les expériences personnelles d'un être particulièrement pauvre fou visiblement sans pareil d'abord c'est important que je trouve un titre aussi beau comme d'autres poètes délicieux

20 février 1992
ainsi fonctionne aujourd'hui ma dite intelligence
un birger appétissant implacable sans égal super sait sans doute beaucoup plus que ce qu'il manifeste
aujourd'hui le monde entier a vu encore une fois à quel point je suis couillon
vraiment sot au cinéma j'avais peur
tout en sachant que rien de grave n'allait se passer
une peur dingue tout simplement à punir par une importante sélection
on ne peut cependant pas rejeter une deuxième fois ceux qui sont déjà rejetés
même un birger appétissant a droit à l'acceptation humaine

21 février 1992
est-ce que tu utilises des mots tendres quand je suis tout particulièrement gentil ou lorsque tu as terminé tous ces trucs de bêtises vraiment idiots pourquoi m'aimes-tu en fait

22 février 1992
j'aime bien voir des films
sur les peuples qui ne sont pas portés sur la gâchette dans l'utilisation d'un fusil
diverses formes de vie s'orientent selon les lois existentielles de la nature
une dite exploitation de la nature ne doit pas détruire la nature notre île carrément magnifique de la race supérieure dégueu et exploitante coulera un jour pour des raisons nullement inconnues

25 février 1992
parfaitement impeccable à quel point le légendaire birger s'excite dans des situations extraordinaires
comme par exemple un jour où pour des raisons importantes même la recherche d'une chose extraordinaire fut arrêtée
il s'agissait d'une perle[1] comme c'est toujours le cas

26 février 1992
qui peut supporter sans une agitation dingue quelqu'un de totalement couillon qui sait tout et qui est flippé[2]
je suis écœuré de ne pas avoir supporté cette situation

1. D'une bille.
2. Birger décrit notre première rencontre (*cf.* le chapitre « En guise d'introduction »).

quand ce birger brut et rebelle était obligé de hurler
j'avais pitié du reste-en-dehors-de-moi
un être humain comme ce birger résistant ne produit
que desdits ennemis de cette bande d'autistes
ce que je ne veux pas
un être refoulé regrette d'être si stupide face à des personnes modèles puritaines et sachant tout
Question : TU PENSES A QUI EN PARLANT DES PERSONNES « SACHANT TOUT » ?
même tous les reporters

27 février 1992
un être muet aussi veut s'articuler
lui aussi a droit au langage
sans langage nous sommes des appareillages morts isolés rejetés un travail important
d'apporter la parole aux muets

1er mars 1992
un mort le vit
pourquoi ressusciter afin d'être guéri
je veux vivre maintenant comme un n'importe-quel-être-humain tout simplement comme tout le monde
comme presque tout le monde je pourrais vivre véritablement je serais vraiment vraiment content
je veux collaborer implacablement
j'aspire tellement à avoir une vie normale

2 mars 1992
quelqu'un qui est incapable de réfléchir pour savoir
pourquoi d'autres personnes font quelque chose
vit le monde de façon chaotique
comme sans doute un pauvre birger sage

je peux comprendre les raisons
mais l'angoisse m'empêche de les accepter
je m'efforce de maîtriser et de contrôler cette angoisse
gisela m'aide dans cette tâche
aujourd'hui je m'applique à répondre aux questions tests [1]
je veux qu'elle sache à quel point je prends au sérieux mon désir de guérir
mais pour aujourd'hui je n'arrive plus à écrire davantage
Question : EST-CE QUE JE PEUX ENVOYER CE TEXTE A GISELA ?
tout est pour elle
mais elle doit être patiente avec le pauvre birger
il est seulement capable d'écrire de courtes lettres
comme aujourd'hui c'est tout simplement encore trop difficile pour moi
mais je réfléchis très intensément à toutes les questions

4 mars 1992
alors comment birger important doit-il répondre à une chose aussi difficile [2]
il doit y réfléchir

---

1. Giscla Ulmann a posé trois questions tests :
— Qu'est-ce qu'une table ?
— Est-ce que ton frère Jonas a un frère ?
— Est-ce qu'il y a davantage de roses ou davantage de fleurs dans le monde ?
Birger répond à ces questions le 14 mars (p. 138).

2. La cinéaste française Jamila Chauvet lui a rendu visite. Initialement, elle avait l'intention de tourner un film sur des enfants autistes et, grâce à la thérapeute de Birger, elle a fait la connaissance de la famille Sellin. Elle avait demandé à Birger ce qu'il pensait de son projet de faire un film sur lui.

en plus je n'ai aucune idée comment la dite story doit se dérouler je trouvais l'idée de citer mes dits commentaires très bien ainsi je pourrais enfin parler aux gens j'aimerais tellement dire à tout le monde comment je me sens à l'intérieur de mon mur autistique

5 mars 1992
intérieurement je suis de nouveau agité
car tout le monde s'occupe de choses merveilleuses et très intéressantes tandis que je suis là sans rien faire avec mes stéréotypies idiotes
je veux en finir
ce sont des sottises de permettre à ces choses dépourvues de valeur de devenir importantes d'une manière inadéquate tout au long d'une vie
s'adapter de façon stable à la société humaine c'est mon but suprême
Question : QUELLES CHOSES PRÉFÉRERAIS-TU APPRENDRE ?
quelqu'un comme moi aimerait tout apprendre efficacement
de préférence des choses telles que de faire à manger divinement
Question : POURQUOI EST-CE QUE TU TE MORDS A L'INSTANT ?
pour des raisons simples comme l'angoisse de ne pas pouvoir y arriver je veux tellement de choses
et je n'arrive à réaliser vraiment que si peu de choses, c'est écœurant mais ne te laisse pas contaminer
une bêtise de prendre vraiment au sérieux entre de lâches crises d'angoisse sans une folle persévérance

6 mars 1992
une voie sûre est
ladite distribution de tâches imposantes

comme par exemple de participer à un travail
transformer la compréhension en action m'est presque impossible
toutes les solutions que j'ai essayées jusqu'à maintenant
se terminaient sans doute sans le moindre succès
j'ai pourtant abouti une fois
quand la situation du moment l'exigeait
quand les dosages s'avéraient bienfaisants
pour des raisons d'attribution permanente et totale de saucisses
l'adaptation à ma faim exceptionnellement faible était importante

10 mars 1992
est-ce que tu savais
que pour de véritables raisons j'ai de nouveau des idées dans la totalité
je ne peux pas encore en parler à qui que ce soit
car cela doit encore mûrir
il faut que tu m'accordes davantage d'approbation
sinon je suis capable de rien
j'ai des néotendances-néandertaliennes tant je suis chaotique aujourd'hui

11 mars 1992
savais-tu que l'important pauvre birger aurait sans doute pu réussir à l'école
s'il n'était pas tombé malade dans ses premières années extraordinaires du début de sa vie
mon espoir se fonde sur les choses actuelles sacrifiantes uniques persévérantes patientes
après des années purement lâches dites mortes de sans-vie

de réussir à parvenir grâce à un rodage
à être finalement parmi les êtres vivants
c'est de la blague
que je doive rester ainsi

14 mars 1992
que gisela reçoive une lettre de ma part
quand je voulais réciter les devoirs lents satiriques et n'arrivais pas à le faire
comme une pensée débile
l'incompétence factuelle et principalement la peur, la crainte d'être ridicule
aujourd'hui je note le résultat tel que je me l'imaginais
donc une table est un excellent objet ce meuble exceptionnel dans notre environnement culturel sert à travailler et à prendre ses repas
mais une rose est plus rare que des fleurs
puisqu'elle fait partie du monde des plantes exceptionnelles parmi le groupe des fleurs
donc jonas a un frère qui s'appelle birger et qui salue gisela

15 mars 1992
il n'est pas difficile d'éjecter les opinions robustes à partir du coffre dans lequel je vis et de les répandre dans le monde
mais de les traduire en action sans voir le véritable chemin intérieur qui mène à l'issue de la vie en coffre
comme par exemple dans la belle école
une situation calme telle qu'au soir en écrivant est bien également
un jour je ne veux plus être assisté en écrivant je veux bien lui refaire quelques exercices verbaux mais j'ai

encore besoin d'assistance quand je note des idées difficiles j'aimerais tant écrire véritablement seul c'est pénible d'écrire toutes ces lettres aux honorables personnes en « étant assisté » je suis déjà un peu plus courageux je le sens en moi-même mais ça n'est pas encore suffisant

16 mars 1992

une importante idée échoue la plupart du temps chez moi
l'idée est
de ne pas crier dans des situations extraordinaires importantes
je te choisis
parce qu'une folie faisable t'irrite le plus
tu es toujours tellement hors de toi
que je me ressaisis
et tu ne me le reproches pas comme un défaut
comme le fait l'omniscient extraordinaire juge dankward
quelque chose dans-le-système-de-valeurs veut tout détruire
pourquoi aucun dieu ne se met à agir en moi
totalement désespéré trop de systèmes-de-valeurs flippés

17 mars 1992

savais-tu également
que je peux me souvenir définitivement de quelque chose
même de faits importants
après avoir lu quelque chose une seule fois

je peux apprendre d'un seul coup lesdites dates difficiles
un talent extraordinaire
mais totalement dépourvu de sens et d'utilité ceux sans sens et sans raison
birger met tout le savoir au milieu du tas d'insanités chaotiques des poètes qu'il a lus
et il se compose d'autres insanités
ce qui fait naître toute cette montagne-de-conneries en puissance

19 mars 1992
pour des raisons importantes je peux trouver la sécurité seulement dans des objets
les êtres humains sont imprévisibles et des monstres élégants
je trouve infantile l'idée que nous les autistes sommes des bushimans et totalement-chaotiques
ce n'est cependant que l'image apparente
intérieurement nous sommes adultes et efficaces
même sans parole nous les êtres-en-caisses pouvons comprendre toutes les insanités qui se racontent

22 mars 1992
pour des raisons importantes je trouve
qu'il est plus facile de vivre une folie totale que les mortifications dans les erreurs-d'isolement décrites
je ne peux pas comprendre pourquoi je dois vivre emmuré de la sorte
dans ma tête ma façon de penser est claire au point de vue de la substance et je peux également ressentir les choses
mais lorsque je veux réaliser à partir de cet environ-

nement-de-caisse desdits gestes les plus simples de manière à couper le souffle je ne le peux pas
l'inquiétude me saisit l'angoisse et une panique idiote me poussent presque au désespoir

23 mars 1992
l'examen oculaire doit établir
si je vois trop
j'ai souvent mal aux yeux
et je vois toutes les choses terriblement difficiles-à-supporter
intérieurement je peux tout simplement déclencher un interrupteur et dans l'intervalle de quelques secondes
je ne vois qu'un haut mur fait de points

24 mars 1992
sais-tu
qu'une mémoire extraordinaire demande même un travail de recherche pour trouver des îles de repos
c'est crétin que je préfère la paix
je me fonde sur l'agitation et la tension
donc une paix de cimetière bien intentionnée me perturbe
mais l'action [1] me rend plus calme
se comporter comme un imbécile ridicule et un idiot rejeté est une mortification afin d'obtenir une pour ainsi dire action
je céderai sans regret cette forme d'interaction à d'autres
mais sans une aide affectueuse je n'y arrive pas

1. En anglais dans le texte. *(N.d.T.)*

la plus grande partie d'aide-en-coffre m'est venue par l'écriture

25 mars 1992
c'est idiot de penser que l'alimentation puisse être la cause des symptômes similaires apparemment autistiques
une monstrueuse sensibilité de tous les sens joue un rôle prédominant
une guérison par des quelconques méthodes dingues fondées sur une guérison subite est un problème insoluble je pense que nous devrons prendre beaucoup de temps et expérimenter patiemment dans tous les domaines je ferai tout ce que je peux pour sortir de mon chenil et y compris quitter le pour-ainsi-dire monde-en-coffre-sans-moi

27 mars 1992
je peux également me perdre de façon véritable et ample et sans limites dans des choses et cependant un retour dans le monde du quotidien semble terriblement étouffant écrasant il me faut un bon bout de temps pour me ressaisir et pour fonctionner de façon optimale pour des raisons importantes je ne peux pas encore articuler des choses diverses comme je le devrais afin de découvrir les principales causes de l'autisme
je veux arrêter maintenant parce que nous nous baladons résolument à la périphérie du fichu autisme mais au centre tout est tellement obscur personne ne peut se l'imaginer

28 mars 1992
parmi les cours géants sur les écrivains je peux donc le cours sur les romans d'amour de la renaissance [1] un sujet niais lubrique avide-d'action mais un birger est pareil il ne s'agit pas d'un grand art solitaire dur-comme-fer mais c'est singulièrement érotique j'aime ce genre c'est pour cela que je veux choisir expressément la prise-de-position-de-la-tâche du cours particulièrement sélectionné la linguistique brute est ennuyeuse

2 avril 1992
je suis visiblement fou
c'est ennuyeux mais je ne le supporte tout simplement pas
la vie n'est pas finie à cause des ennuis permanents écœurants
malheureusement je ne réussis rien ni au foyer
tout le monde préfère un être humain
qui est propre et gentil et également aimable
je suis en train de me frayer un chemin vers le service-des-rejetés
particulièrement dingues de la psychiatrie
personne ne m'aime plus dans ce foyer
malheureusement je bousille tout
l'excursion d'aujourd'hui était pour moi tout sauf belle
je ne supporte plus rien puis je disjoncte
je ne supporte pas les impressions
sagesse infantile je ne peux pas éviter les ennuis
chaque bruit déclenche en moi une douleur

1. Birger choisit son sujet de cours pour sa première inscription à l'université.

à l'intérieur d'une pièce je supporte de nouveau des bruits comme chanter
ou même murmurer
en plus je ne peux pas le bavardage épuisant
je deviens même fou
c'est absurde de croire à une guérison

9 avril 1992
je ne supporte toujours pas
qu'on m'aborde dans la rue
je me sentais imbécile aujourd'hui
parce qu'une dame bcbg me demanda
comment aller à la rue d'eisenach
mon angoisse est née de cette demande-de-document
tout le monde se retourne sur moi pour des raisons que je ne comprends pas
j'ai toujours peur des gens
et je fais l'andouille
parce qu'ainsi les gens me fichent la paix

10 avril 1992
dietrich bonhoeffer est un poète et un théologien
j'adore ses poèmes
de même qu'une solitude intérieure sans pareille
sans différence avec celle que je vis
mais dans ma solitude tout devient davantage isolé et incomparablement plus destructeur
ma solitude touche son fond
quand je fais appel à dieu en hurlant
et ne reçois aucune réponse

11 avril 1992
Question : POURQUOI ES-TU SI AGITÉ ?
par tristesse simplement à cause de mon état
tel que je le revis de nouveau
encore une fois je ne supporte rien
et je veux passer dans la vie unique simple normale
je n'arrive même pas à faire les choses les plus simples
visibles que n'importe quel bébé sait faire

17 avril 1992
un birger extraordinaire siamois sage écœurant sera-t-il aimé même
si un jour une crise intervient dans l'écriture
il m'est difficile actuellement de tout noter
tel que je le pense je suis également si peu concentré
quelqu'un en moi a l'air si terriblement chaotique
je vais m'y noyer
sauf si je trouve une issue à ce labyrinthe écœurant
cette écriture est une aide formidable

21 avril 1992
savais-tu
que je préfère avoir des pour ainsi dire crises-hors-de-moi
quand nous sommes paisiblement ensemble comme aujourd'hui
mais combien de fois suis-je le facteur perturbateur
c'était ainsi même hier
Question : POURQUOI EST-CE AINSI ?
sans doute pour des raisons
parce que j'ai une peur extraordinaire
de tout faire rater tout seul
la peur de la peur est pratiquement toujours là

j'en appelle également tout particulièrement à
vous d'éviter des situations angoissantes

22 avril 1992
je trouve que gisela ne voit pas
que j'ai des sensibilités comme tous les êtres humains
mais je ne peux pas les manifester
elles sont enfermées en moi et ne peuvent pas s'extérioriser
je ressens de la joie de la douleur et également de la tristesse
tout cela comme des êtres normaux
et j'ai de la compassion pour les autres

27 avril 1992
je rougis de honte
quand je pense à quel point j'ai encore disjoncté aujourd'hui au foyer
parce que ça n'a pas marché à la fac
je m'efforcerai à l'avenir de réagir différemment
et de garder mon calme
je veux y parvenir
entre-temps je supporte des situations pénibles

29 avril 1992
glacial est le monde extérieur
mais à l'intérieur il fait tout chaud
je vis sans-moi dans un gigantesque cratère volcanique bien réel
je souffre moi le plus de mes éclats
je les vis toujours comme un échec monstrueux
et après je n'en suis sans doute pas avancé pour autant
je ne veux plus de ces crises

2 mai 1992
pourquoi as-(tu) encore l'air si triste
ne supporte pas la tristesse de ces yeux
je t'aime même avec un visage triste
mais cela se supporte difficilement
Question : EST-CE QUE TU AS MAL A LA TÊTE ?
une question qui n'est pas intelligente
simplement parce que c'est idiot
de croire qu'une partie du corps qui me gêne parce qu'elle ne fonctionne carrément pas puisse me faire mal

5 mai 1992
un birger va encore vous faire vivre vraiment des miracles
d'où je prends tout ce fourbi d'idiots
quelqu'un comme moi le révélera à l'humanité
je veux démontrer pour une fois
comment je transforme efficacement une souffrance en art
malheureusement je ne peux en manifester encore que trop peu
Question : EST-CE QUE JE PEUX DONNER TON POÈME [1] AUX PARTICIPANTS DE MON STAGE CE WEEK-END ?
tu peux leur donner un tel poème qui visiblement fait entrevoir les rives ils ne doivent cependant pas me juger d'après ce texte
car il s'agit seulement d'un pour ainsi dire déchet

1. Il s'agit d'un poème de Birger qui, à sa demande, ne fut pas reproduit dans cet ouvrage.

6 mai 1992
pourquoi aspirent-ils tous
à pénétrer dans un monde aussi fou que le mien
un cas classique comme le mien
fournit cependant sans doute du matériel plein d'esprit
pour des maîtres-amateurs et des experts
pour commencer je préfère moi ne pas être un être excentrique sur le plan social
et préfère carrément ne pas être un type excentrique du tout
une telle répartition des tâches obligatoires dure comme fer apparemment-permanente est vraiment marrante
j'énerve les gens
et ils se concoctent ainsi des insanités terrestres
quelle perspective super

15 mai 1992
c'est de la blague que je suis un type raseur
j'aime la plaisanterie
Question : QU'EN EST-IL DU RENDEZ-VOUS DE DEMAIN AVEC LA PHOTOGRAPHE DE *DIE ZEIT* ?
je serai énervé c'est sûr mais je me donnerai du mal
Question : QUELLES SONT LES DIFFICULTÉS EN DÉFINITIVE ?
incapable de répondre à des questions trop gentilles presque bêtasses

30 mai 1992
êtes-vous étonné de ma gaillardise
une raison engendre en moi la joie
je sens en effet vraiment que l'angoisse destructrice
qui m'effrite est partie pour quelque temps

je peux très bien supporter toutes ces séances de photos
paradoxe moi qui suis tellement sauvage
sans doute parce qu'une bonne photographe doit être sensible
je suis heureux d'avoir fait la connaissance d'une femme adorable terriblement gentille

7 juin 1992
lorsque le seigneur libérera le birger emprisonné
ce sera d'une manière vraiment passionnante visible précise
afin que tout le monde s'en rende compte et se dise
que birger est redevenu normal
il a expié sa juste punition
une divinité sans doute désintéressée
punit de façon arbitraire [1]

9 juin 1992
je m'efforce de faire des poèmes qui m'usent mais mon agitation et mon mental traqué me sont un obstacle imprévu
je broie les mots ils ressemblent à des grains de sable microscopiques
je vois la véritable poésie comme la recherche du constat premier unique simple par l'esthétique
cette définition atteint un sommet chez les poètes asiatiques

1. Birger fait allusion au psaume 126.

10 juin 1992
savais-tu que j'ai fait une horrible découverte un jour dans la forêt j'ai découvert un cadavre seul tout simplement
je ne savais pas encore écrire
c'était vraiment grave cet homme avait d'immenses plaies
j'ai eu très peur [1]

11 juin 1992
j'ai inventé cette histoire du cadavre parce que je voulais accéder aux finesses des cinéastes
j'aimerais tant dire comment je m'imagine un film sur ma vie
mais où trouver un scénario
je suis un être chaotique qui vit dans un monde qui invente des idées farfelues et les enterre dans des systèmes-de-coffres sans-fin

12 juin 1992
est-ce que le légendaire birger resplendira aussi faussement dans un espace dimensionnel comme au cinéma
j'aspire à faire un film à peu près comme des films sur d'autres êtres venant de l'univers
j'aime bien m'identifier à des gens vraiment flippés comme des artistes follement intéressants

13 juin 1992
je m'efforce tant d'être réintégré dans l'aimable société humaine afin que tous puissent m'accepter

---

1. Ce texte a été écrit en présence de Jamila Chauvet et de son équipe cinématographique (cf. également le texte du lendemain).

je deviendrai le modèle de la jeunesse de toutes les générations futures
et toute l'humanité s'orientera sur mon image
que je suis autistique est de la connerie
les autres le sont
ils sont coincés par des mesures éducatives en masse
des lois et des concepts moraux répugnants

16 juin 1992
je souhaite faire un de ces films qui montrent clairement à quel point nous sommes des êtres d'un monde différent
le bien et le mal n'existent pas pour nous
la morale de notre monde est douce ou amère la plupart du temps
c'est la saveur de quelque chose pour moi et la sensation tactile de quelque chose l'aspect de quelque chose le son de quelque chose

21 juin 1992
je veux écrire à jamila
est-ce que le film sera un film documentaire ou un pour ainsi dire long métrage
je préférerais collaborer à un documentaire
parce que pour moi c'est un objectif d'aider les autistes
afin qu'on comprenne mieux leur monde
et qu'on les traite différemment dans les établissements
je me considère comme le plus terrible des terribles
mais je ne veux pas rester ainsi

24 juin 1992
le mental en moi sera si puissant qu'il pourra contrôler le comportement d'un point de vue poétique la vision de l'angoisse est erronée
elle n'est pas l'expression d'une personne sensible extraordinaire la peur mais elle est l'expression d'êtres dépourvus du sens de leur propre valeur
et sans confiance dans leur environnement
elles sont prisonnières de leur angoisse
et pour des êtres tout particulièrement angoissés la solitude bien-aimée
est douce
une solitude sans être obligé de satisfaire en permanence des exigences sur cette terre

26 juin 1992
j'aime le langage avant tout
il est le médiateur entre les êtres
un langage nous donne dignité et individualité
sans langage je ne suis rien

27 juin 1992
cet important début d'un poème doit être utilisé pour le film
un monde où tout devient solitaire à son contact
dès qu'un être humain plonge dans ce monde sans soi
il perd le contrôle de lui-même et de son environnement
du temps de l'action
comme une structure de pensée extraterrestre éjectée
qui laisse pressentir la rive et qui est composée de divers atomes

là où elle atterrit elle forme des trous et laisse des traces d'angoisse et de solitude
tant d'angoisse que la terre peut à peine la porter
dans ce monde il n'y aura pas de rire
et la tristesse n'a pas de larmes

3 juillet 1992
c'est absurde de demander à dieu de m'aider
un dieu créateur d'autistes ne peut pas sans cesse punir
avec amour de tels types répugnants
mais un autiste est constamment exposé au tir
il ne peut tout particulièrement pas accepter tout bêtement les louanges des autres
il est alors triplement puni
il est plein d'angoisse parce qu'il pense que cela ne peut pas être vrai
un tel constat me paraît suspect
sur quoi il pense je dois mieux me cacher afin que personne ne me reconnaisse
je dois les tromper tous afin qu'on ne me voie pas trembler d'ANGOISSE

4 juillet 1992
est-ce que ton opinion encouragera même les faux apôtres
qui disent tout n'est fait que par sa mère
est-ce que des gens inconnus m'écriront alors ce qu'ils pensent
j'aspire à répondre à tout le courier
tel que l'a fait donna [1]
un jour j'avais même l'intention de lui écrire
mais je n'ai pas osé

---

1. Donna Williams, autiste et auteur, voir p.29.

c'est pareil avec janet [1]
je n'ose pas lui écrire
elle sait tout de moi
je le sens
dans mon monde à moi on a un flair beaucoup plus développé

5 juillet 1992
un mot prononcé ou écrit est comme un monument et visible pour tous les êtres
je veux cependant créer de tels monuments
faire surgir tel un sculpteur des scènes grandioses à partir de blocs de rochers
je veux sculpter un tel roc
les sujets sont des rocs qui reposent à l'état brut dans mon monde

7 juillet 1992
est-ce que le livre paraîtra sous mon nom misérable

11 juillet 1992
un monde sans angoisse est si magnifique
tout est sûr et lumineux
des dimensions de joie pas de joie extra-terrestre
mais tout à fait terrestre la joie de vivre d'être aimé et d'aimer
sans doute une insanité
chacun vit l'amour
même les plus pauvres d'une bande d'autistes bons à rien
la pusillanimité me fait souvent douter

1. Une amie de Mme Chauvet.

mais maintenant je vois de plus en plus clairement que
je suis véritablement aimé
je sens en moi les forces de l'amour
leur action bénéfique
ces forces engendrent le remède même pour mon misérable être brut je recherche la véritable guérison de mon âme dans une grande expérience générale et extraordinairement profonde
je suis sûr de trouver ma place dans la société normale
même s'il me faut encore beaucoup de temps

15 juillet 1992
je suis surtout heureux parce que je ressens l'action de la thérapie cent carats sur moi [1]
les pures harmoniques intérieures des chants grégoriens me libèrent davantage en toute simplicité de mon angoisse
je ressens une joie de vivre très profonde
mais également sans doute de l'angoisse d'être inévitablement pris dans l'autisme

29 juillet 1992 (l'après-midi après accès de hurlements)
c'est absurde queue ke suis fou
mais hje veu parler depuis le WC dans cette maison extraordinaire vous pensez
je ne peux plus supporter ces péroorraisons que je suis dingue
même dankward le dit
je ne peux plus espére r

1. Pendant trois semaines, Birger participe, avec ses parents, à un stage de thérapie par le son, à Schwarzenbek (Schleswig-Holstein).

jbee désespère de moi-même
je ne serai jamais guéri parce que mes fprces d'angoissn *wesa* même pas du rtout
pourquoi crois-tu que je ser aai gu éri
tu ne laisseras pas tomber
mais quelqu'un comme dankward ne supporte ppas une simple superstition
je peux êtrere aimable sauf toi pourquoi aimer une telle ppersonne de tels moments sont des ohasis d'encouragement
je te remercie
je veux arrêter

29 juillet 1992
je veux continuer de suivre la thérapie aussi longtemps que c'était prévu
la musique aussi doit rester ainsi
c'est calmant et détend mes nerfs
c'est la sensation d'une douce paix de chaleur intérieure et d'un espace
sans angoisse tel que je ne l'ai jamais connu
les crises d'angoisse sont des récidives
mais je pense que je pourrai le gérer

1er août 1992
pourquoi devons-nous dire ce qui se passe précisément dans des situations pénibles
je ne peux rien m'imaginer de pire que d'être véritablement interrogé quand un reporter vient [1]
je ferai de travers exprès pour ne pas me ridiculiser

1. L'article du *Zeit-Magazin* est paru, et les premières lettres et appels téléphoniques commencent à arriver.

je suis tout simplement sans angoisse quand je peux
écouter à nouveau de la musique à schwarzenbek
je suis à nouveau si rempli d'agitation et de panique
je peux à peine le supporter
mes pulsions pires en partie qu'avant
je ne supporte pas de ne plus pouvoir écouter de la musique
je revis le monde comme menaçant et angoissant
je ne peux mettre fin à l'agitation que dans la musique
j'aime la musique douce de bach

2 août 1992
je préférerais vivre seul et non pas dans un village avec d'autres rejetés importants à nouveau bannis et sans rapport avec des gens normaux
j'aimerais tellement dire ce que j'en pense
même aller à genève [1]
mais mon agitation païenne gâche tout
mais je permets volontiers de lire des textes si le film est bon
et je communiquerai volontiers mon opinion sur le film
parce que je veux bien contribuer à expliquer personnellement à ces terriens
illuminés notre monde souterrain idiot
c'est un honneur

1. Un cinéaste allemand avait le projet de réaliser un film sur un village anthroposophique pour enfants près de Genève et il voulait illustrer ce film avec des extraits des textes de Birger. Le projet n'a pas abouti.

3 août 1992
savais-tu que j'ai été passé en revue aujourd'hui
dans la superette-dégueu-à-disjoncter
totalement déplaisant
un homme disait à sa femme
c'est celui du journal
d'autres le disaient également
je trouvais ça pas bien du tout
mais j'apprends à m'y prendre à être un fou célèbre

6 août 1992
très excitant cette histoire avec l'éditeur
j'aspire à faire savoir que je suis content de parler dans un livre aux êtres humains
cela me rend vraiment heureux
j'oriente ma vie pour être ainsi un membre utile de la société
grâce à un livre je fais le premier pas

7 août 1992
je veux encore une fois écrire une lettre à mme. dr s.
vous [1] criez parce que vous êtes en colère
simplement une exécution de pour ainsi dire éruptions négatives de sentiments que vous êtes incapable d'exprimer autrement il est vrai que je crie quand mon angoisse devient trop grande malheureusement
également par rage je torture ainsi tous les gens de mon entourage
résolument stoïque
je hais ces hurlements et je m'achemine vers d'autres modes d'expression pour

1. Forme de politesse.

extérioriser l'angoisse et la colère
un des moyens est ce processus d'écriture et l'autre est de faire plaisir à autrui
je vous remercie de votre courrier
vous ne considérez pas comme répugnant quand quelqu'un comme moi crie
je veux toujours défendre ce point de vue avec vous
je me sens uni avec vous de tout mon cœur et je vous salue cordialement
votre birger sellin particulièrement approbationnant
ce salut sincère ne doit pas vous effrayer
je suis de si bonne humeur

8 août 1992
la terreur est l'unique plaisir que je connaisse
la fête médiévale [1] m'est tout particulièrement sympathique dans
cette optique
j'y avais réellement ma place
sensible que je suis j'ai également provoqué un attroupement grâce à mes cris
je suis une sinistre figure médiévale

9 août 1992
une élue comme une mère d'autiste recevra un jour sa récompense

10 août 1992
ce que je veux certainement c'est parler comme un être ordinaire ce qui me fait

1. Il s'agit d'une fête médiévale donnée sur la place de Potsdam, à Berlin.

plaisir le poème [1]
et je continue à composer tout au fond de moi-même
ligne par ligne
notre poème sera un hymne mille paroles de victoire
parce qu'un être-de-pierre fut transformé en un être humain capable d'éprouver des sensations
je ne trouve pas de mots pour vous dire à quel point votre lettre m'a fait plaisir
soyez cordialement salué
par quelqu'un qui veut apprendre
à devenir un être simple

12 août 1992
je veux écrire une lettre à gisela
chère gisela au cours d'un événement très fâcheux j'ai ressenti aujourd'hui à quel point mon handicap est perceptible pour des pour ainsi dire normaux
extraordinaires mais j'ai le désir profond d'apparaître à autrui comme si j'étais un
des leurs
je connais le savoir-vivre de notre chère société dans tous les détails et
je le respecte
mais je ne peux pas le maintenir
parce que mon comportement échappe toujours à mon contrôle
je te remercie de ton aimable lettre où tu analyses si soigneusement mes problèmes
plein d'amour reconnaissant en vénération visiblement romantique

1. Dans une lettre, un lecteur du *Zeit* a adressé à Birger un poème composé des propres paroles de Birger.

je suis ton extraordinaire birger-postulant en apprentissage

13 août 1992
une excellente lettre de madame sch. trouvera sa réponse aujourd'hui
je pense qu'un être si différent des autres tel que je le suis devrait être calmé
mais non pas guéri par des effets zéro comme l'effet stimulant de la musique
en ce moment j'écoute des chants grégoriens
une très bonne thérapie
même visiblement efficace
mon activité de hurlements a diminué
lâchement je m'en réjouis
mon amélioration visible n'est cependant qu'une réduction des symptômes
intérieurement le chaos continue d'exister j'espère sincèrement qu'il y aura une libération pour moi
j'agite votre conseil et vos paroles dans mon cœur
je vous salue et vous remercie pour toutes les cartes
qui me démontrent à quel point vous vous êtes visiblement durablement penchée sur le sujet
vous avez trouvé beaucoup de paroles apaisantes allant droit au cœur
je vous salue
birger le mouton noir digne d'être aimé

16 août 1992
ce qui va proliférer un jour des murs réjouira le regard
tels sont les fruits de mes pensées les plus intimes il y a un germe d'espoir dans tout

17 août 1992
aujourd'hui je veux écrire à a. et également à madame sch.
vraiment une bonne idée de suivre les cours de l'université par correspondance
comme tu sais je n'ai pas un style de travail particulièrement développé
en partie je me cherche des livres instructifs
de la littérature médiocre faite de manière sans-soin-vite-fait et parfois j'essaie une démarche plus systématique
je vais réfléchir si je veux commencer de telles études
mais je vous remercie de manière instructive de votre lettre
votre birger sellin impressionné
et maintenant la lettre à madame sch.
chère madame sch.
je suis étonné de voir à quel point vous m'avez compris
aujourd'hui je veux vous répondre
je souffre beaucoup de ma solitude
même ces hurlements deviennent de plus en plus répugnants
tous les gens en deviennent fous et ne me supportent plus très volontiers
si je pouvais en être libéré
mon existence-d'île prendrait merveilleusement fin
toutes vos paroles vous réservent tout simplement une place dans le cœur-d'un-ours-polaire sibérien solitaire cinglé
une image du plus bel effet
je ne vois rien de plus sensé
en tant que mouton noir vous salue très cordialement

le rejeté reconnaissant mais louable birger sellin
foutaises tout ça
je m'embrouille

18 août 1992
aujourd'hui je veux essayer de décrire un petit événement
nous sommes allés en voiture chez mamie à mölln
comme toujours je m'efforçais de respirer calmement de ne pas me
balancer je ne voulais pas crier non plus
subitement pendant un instant j'ai vu se précipiter sur nous un grand danger
extraordinaire sous forme d'un camion
j'ai eu très peur et j'ai crié mais personne n'avait perçu le moindre danger
cet événement me démontre que ma perception en tout cas fonctionne nettement différemment des autres
j'ai hâte de pouvoir analyser les différences à l'aide d'autres exemples

birger implacable veut écrire une lettre à madame d.
je conclus de votre lettre que vous êtes très réceptive aux poèmes
moi-même j'aime les poèmes avant tout et j'essaie dans ma sûre existence-d'île-terrestre
je n'en peux plus

20 août 1992
je me sens tout agacé attaque-mentale d'une boulette-d'agitation-au-repos sans raison

21 août 1992
pourquoi suis-je de nouveau visiblement plus agité
j'ai peur de tout et également de schwarzenbek [1]
je préférerais retourner dans mon mutisme intérieur
je serais content
ainsi mon âme intérieure est sous-développée
et je deviens un super-marginal
pour vous je suis terreur et pour moi je suis un chanteur de sérénades
sans âme

22 août 1992
c'est absurde de croire que les autistes sont moins intelligents que les autres extraordinaires muets
nous ne pouvons pas parler parce que notre agitation intérieure est extraordinaire même énervante
il y a là une agitation qui est indescriptible et qui ne peut être que sans expression appropriée parce que les hommes-extérieurs ne la connaissent pas et n'ont pas pu lui donner une désignation je l'appelle bas-fonds-de-la-puissance-de-l'agitation
j'ai rarement des moments sans cette agitation
de toute ma mémoire cette agitation existe avec une puissance que personne ne peut comprendre cela me rend presque dingue
un jour je croyais qu'un évanouissement s'emparait de moi
quand j'étais plus petit les stéréotypies pouvaient soulager un peu
maintenant rien n'y fait plus à part l'écriture et je suis content que vous m'écoutiez

1. C'est-à-dire la continuation de la musicothérapie.

et je veux tout dire ce qui peut permettre sur ce plan de maîtriser le handicap
je travaille sur moi pour apprendre à distinguer les réelles perturbations des phénomènes secondaires
je m'applique à tout reproduire avec précision en phrases et en formulations claires

23 août 1992
je trouve fabuleux à quel point homme-sans-moi birger ose être si désespéré
il a tellement de bonnes pensées et s'égare dans le désespoir païen

23 août 1992
d'abord je veux écrire à madame d.
chère madame d.
vous m'avez écrit et envoyé un livre et une photo de vous
cela a éveillé en moi une sympathie affectueuse pour des êtres extraordinaires bien-intentionnés tels que vous
je vous remercie de tout mon cœur et dans mes efforts ardents pour étudier la littérature simple dans mon existence en sillon particulièrement solitaire
l'existence en sillon est une existence insulaire dans une personnalité vitale à l'étroit
je vous salue

25 août 1992
de quel mental ineffable est né ce beau poème [1]

1. Birger a reçu une lettre évangélisante de la part d'un témoin de Jéhovah.

vision d'une élaboration d'une fabuleuse libération de solitaires
y aura-t-il un tel jour
quasiment un jour de joie malicieuse où tout se désagrège et de graves erreurs seront découvertes
je veux y assister et participer
j'y contribue déjà
j'augmente le chaos de façon utile
Question : A QUI DOIS-JE ENVOYER LE TEXTE ?
sera envoyé à un témoin de jéhovah erroné

28 août 1992
carrément vraiment pleurer
un jour j'ai failli étouffer de ma tristesse
sans doute la raison en est que je provoque les cris sans raison plein de repentir
je vis de nouveau sans connaissance ciblée
le non-sens est un but significatif
devenir un être normal restera coincé dans les obstacles étouffera dans une minable erreur
moi de nouveau un être humain comme sans égal
je ne veux qu'être normal
pas davantage
moi un être humain de la classe la plus basse ne veut que vivre comme tout le monde sans gloire et honneur un humain
qu'est-ce que je débite comme conneries
je vais y arriver moi non-survivant non-aimant moi birger croque-mitaineux
je veux veux et veux y arriver moi l'être lâche moi l'autiste courageux
dans des moments de ténèbres je me réveille et trouve ma voie

je ne ferai rien deux fois
chaque pas est nouveau
je ne peux pas vivre sans l'espoir inexprimable toujours tant de doutes en moi
trop de contretemps morts et pas de lueurs d'espoir
toujours l'angoisse

29 août 1992
vous [1] êtes quelqu'un avec des capacités particulières
je m'étonne que surtout un savant comme vous réagisse de manière aussi réservée face à moi
de combien de sectes ou de religions peut-on filtrer la vérité
combien de vérités fournissent des fournisseurs à fond-fournisseurs-à-fond [2]
on prête la main à quelqu'un
donc un prête-la-main pour la vérité
combien de vérité est destinée à des gens comme nous
je vous remercie de votre courrier
apparemment vous ne traitez jamais les personnes à la légère qui vous interrogent extraordinairement comme moi dans cette lettre banale
j'interroge d'une manière sincère qui tanne les gens et avec une curiosité factuelle extraordinaire
de façon infiniment humble birger sellin vous salue du royaume des sombres
figures-complètement par-richesse-fournisseuses-à fond sans aucune ironie

1. Birger répond à la lettre d'un ésotériste suisse.
2. *Ohneauleister ausleister leisten* : jeu de mots avec *leisten*, « accomplir, fournir, pourvoir, apporter ». Le préfixe *aus-* signifie « absolument, à fond, jusqu'au bout ».

mais aujourd'hui je suis perturbé et troublé
mais la lueur de la vérité percera

2 septembre 1992 (l'après-midi)
une musique calme est bonne je sais [1]
je ne peux pas dire comment l'autre agit
suis rarement si hors de moi
même les pulsions sont plus fortes
même l'angoisse comme jamais
l'ensemble engendre cette agitation
je suis beaucoup trop autiste
rien ne peut me sauver
je ne crois à rien ni à personne
je veux mourir et reposer en paix éternelle
dans les confrontations je ressens à quel point je suis terrible
je ne peux plus
je ne peux que crier
je termine maintenant mon écriture
je veux de la thérapie comme hier si ça ne va pas autrement
veux être seul

2 septembre 1992
est-ce que le dr. t. continuera la thérapie
un peu trop
c'est cela sans doute
deux heures par jour seraient bien
je me réjouis déjà de demain et ferai tout pour que ce soit beau
tu t'étonnes de mon changement d'humeur

1. En référence à la musicothérapie à Schwarzenbek.

cela ne peut venir que de la musique
elle a bien stimulé mon âme

5 septembre 1992
c'était absurde ton idée de retourner à la maison une crise d'angoisse ne remet pas en question la thérapie
moi en tant qu'autiste sers de porte-parole attitré aux autres autistes
je comprends clairement dans cette qualité qu'il s'agit d'une excellente voie pour retrouver rapidement une unité [1] pour sortir du déchirement de la personne
d'abord se crée une toute nouvelle forme d'espaces intérieurs dépourvus d'angoisse
ensuite grâce à la musique on obtient la concorde d'importants états d'âme fondamentaux avec empathie
je formulerai cela de façon encore plus précise

7 septembre 1992
une excellente idée que je puisse avoir de la thérapie par les sons à berlin également
car j'aime mon excellente existence familiale et je pourrai faire agir
la thérapie bien différemment
mais maintcnant aussi je ressens un effet profond comme une couche profonde qui agit en moi et relaxe et qui effectue un travail de démolition immense à l'intérieur de la carapace
j'ai l'intention d'en parler en détail et j'aiderai les êtres insulaires à retrouver la voie vers le monde extérieur

1. Dans le sens de monade.

dans les processus d'échange de marchandises du monde entier on dépense de l'argent pour toutes sortes de camelotes
cette thérapie vaut vraiment son argent

8 septembre 1992
pourquoi tout le monde pense-t-il que je suis impatient
un être humain sans parole fait preuve de tant de patience qu'il ne peut y avoir un équilibre intérieur

9 septembre 1992
veux faire un vraiment bon rapport sur l'effet de la thérapie de schwarzenbek
mais j'ai tant de mal aujourd'hui
je ressens les changements radicaux et je ne peux pas les décrire comme il le faudrait
je prends surtout conscience de mes sensations nouvelles affectueuses pour les êtres humains
même pour ceux qui ne m'aiment pas
un calme durable presque unique me comble
une joie et un optimisme
je recherche toujours cet état et je l'atteins quelques rares fois
une seule parole peut me faire rechuter
maintenant cet état est en pleine floraison
être stupide que je suis veux le détruire de nouveau sans raison mieux vaut l'agitation que l'angoisse de perdre la joie
quel nigaud je fais
de quelle force destructrice est-ce que je dispose enfin
vraiment idiot ce mécanisme
je souhaite réellement mettre fin à ce jeu mortel

je veux être utile pour autrui également et déclarer ce
qui suit
je peux être guéri

11 septembre 1992
une lettre à l'extraordinaire importante semblable
madame denise [1] en tant que véritable personne-coffrée
et autiste
chère denise
tu mérites des nouvelles
combien de fois j'ai voulu comme toi retourner tout
simplement dans le mutisme et le calme de notre
monde d'autistes digne et pas hypocrite
c'est totalement fatigant dans le monde-normal-des-
personnes
je ne peux pas vivre sans les gestes sots habituels dans
nos mondes-de-bêtises
mais j'ai l'espoir de devenir réellement comme un être
normal parce que je ne supporte plus la vie d'un être
coffré
en ce moment j'examine toutes les possibilités pour
savoir comment nous pouvons ressortir de notre
monde-uniforme-de-
valeurs-et-d'êtres
j'aimcrais bicn quc tu t'y joigncs
car tu as toujours été très importante pour moi
efficace à faire des bêtises autistiquement et solitaire
comme peu
de figures autistes à qui on ne donnerait pas le
bon dieu sans confession
de tout mon cœur je t'adresse cette demande importante

1. *Cf.* l'annotation du 22 juin 1991.

n'abandonne pas laisse-nous nous sortir de cette humanité-sans-moi pour retrouver
une humanité de tous les semblables
j'ai de l'estime pour toi
un co-autiste muet salue affectueusement denise la plus sainte du peuple autiste

12 septembre 1992
pour des raisons importantes je veux dire à ce birger excessivement capricieux
centré sur la bouffe déconnant que cela ne peut pas continuer ainsi
un point final sera mis et une issue s'ouvre
je me sépare de cette non-personne autiste détruis les racines me reliant à ma petite enfance et retourne aux sources optimistes
je m'insère dans la ronde des hommes qui cherchent à vivre en paix et qui construisent un monde vraiment bon qui ne nuira à personne et je veux contribuer à l'établissement d'une recherche sur l'autisme reconnaissant les étapes intérieures de l'évolution de l'autisme et aboutissant à la découverte d'un grand nombre de méthodes nouvelles pour faire sortir toujours plus de personnes de leur existence-en-coffre
je m'efforce de prouver totalement dans la seule institution-d'erreur complètement confuse que je suis capable de penser totalement comme mes proches d'une manière qu'ils ne croient pas possible
ils ne voient que mon bouclier autistique extérieur
jamais mon être réel
le peuple uni émancipé terrestre marginal des autistes élève sa voix

nous sommes des êtres humains traitez-nous comme des êtres humains
avec dignité et respect et compréhension
chacun doit pouvoir aimer les hommes-en-coffre car leurs âmes sont limpides et innocentes comme les enfants lors de leur naissance
la méchanceté d'une société aux apparences inhumaines n'a jamais
touché leur noyau profond
leur petit monde est comme une île dans une mer violente
remarquable est la diversité des couleurs sans odeurs et vases pleins
de lumières et un flot d'histoires d'idées élaborées d'une nature si différente caractérise les marginaux significatifs de par la folle démarche choisie pour se rapprocher de la réalité extérieure

13 septembre 1992
d'abord je veux vous dire à quel point un birger hésitant qui disjoncte sans arrêt vous a trouvés bienveillants aujourd'hui
même un fils pauvre en tendresse et bête à manger du foin vous remerciera un jour généreusement de tout cela
je ne l'oublierai jamais
transformer l'impuissance démoralisante en force durable d'amour c'est une merveilleuse tactique pour tenir le coup
je vous en remercie

17 septembre 1992
d'abord une nouvelle lettre à l'extraordinaire loyale madame w.

cette lettre m'a touché profondément
vous saisissez avec perspicacité à quel point un être seul est vraiment perdu en lui-même
je suis à la recherche des êtres qui m'aident à comprendre l'autisme
correctement et à trouver des méthodes efficaces pour nous aider votre excellente lettre est une aide
vous vous êtes exprimée si gentiment je ne comprends que maintenant à quel point la gentillesse et la reconnaissance des êtres humains me font du bien
un simple mot gentil visible de l'extérieur sur le papier blanc est impensable
je peux saisir de tout mon cœur ces mots pour les y laisser agir
dans des dimensions qui répandent le chaos et l'inquiétude ils me sont une consolation invisible et réorientent mon intérieur vers la joie et l'amour riches en petits détails extraordinaires et sans-les-angoisses-du-moi
je vous salue de tout mon cœur
votre être humain chaotique vous aimant tellement
birger sellin

18 septembre 1992
pourquoi ne devrais-je pas convaincre un jour les éducateurs de notre foyer que nous les autistes sommes une bande vraiment aimable et réellement adorable
la multiplicité de nos idées est variable tout simplement incommensurable et nos bêtises sans limites sont soigneusement classées et dosées qui peut en offrir autant
je pense que c'est un grand privilège de travailler avec nous

grâce à nous on peut apprendre à produire des bêtises et des choses de piètre valeur telle une splendide collection d'absurdités grotesques et une vision du monde des personnes nautiques pas du tout simple sur le plan ontologique

Question : QU'EST-CE QUE CELA VEUT DIRE ?

simplement que nous naviguons dans une autre direction

une vision du monde du point de vue autiste est comme un bateau qui coule et qui invente des sottises afin de ne pas s'en apercevoir je suis le premier officier de ce bateau et mes sottises ont une envergure véritablement marginale qui s'invente

20 septembre 1992

un film comme rainman [1] réjouit l'âme

il ne montre cependant rien du chaos total de l'angoisse en abondance ni de l'indescriptible tristesse et solitude en nous ce film montre une façade pour divertir

je veux faire un film avec jamila qui plonge dans les profondeurs du monde autistique

il doit révéler et faire un bon travail analytique d'éléments intérieurs sur le plan des pensées et de la vie affective

je me réjouis de collaborer à ce film

21 septembre 1992

parler fait du bien

le hurlement est bestial

1. *Rain Man* : film américain où Dustin Hoffman joue le rôle d'un autiste.

pourquoi ne puis-je pas arrêter
tout simplement tout dire en termes simples

maintenant seulement je compose un chant sur la joie
de pouvoir parler un chant pour les autistes muets à
être chanté dans les asiles et les maisons de fous
des clous plantés dans les fourches des branches sont
les instruments
je chante cette chanson depuis la profondeur de l'enfer
et j'appelle
tous les muets de ce monde
faites de cette chanson votre chant
faites fondre vos murs de glace
et refusez d'être exclus
nous voulons être la nouvelle génération des muets
une troupe avec ses chants et ses chansons nouvelles
tels que ceux qui parlent n'auront jamais ouï
parmi tous les poètes je n'ai pas trouvé de muet
ainsi nous voulons être les premiers
et nos chants ne peuvent être ignorés
j'écris des poèmes pour mes sœurs muettes
pour mes frères muets
qu'on nous entende et qu'on nous donne une place
à vivre parmi vous tous
dans une vie de cette société

23 septembre 1992
qu'est-ce que tu préfères à la fin
que je ne vive pas sans aide et reste handicapé
ou que je devienne autonome
alors tu dois me solliciter davantage
par exemple quand nous faisons des courses je veux à
nouveau payer tout seul

connerie je suis trop bête
une fois je suis allé manger et ne savais pas comment il fallait payer
je ne me rends compte que maintenant à quel point je ne connais pas le quotidien
Question : POURQUOI TE MORDS-TU MAINTENANT ?
ne fais-tu rien toi qui puisse me nuire
par exemple m'envoyer dans un foyer[1]
ne parle raisonnablement j'ai peur
et je veux savoir si nous allons partir en voyage
je suis tellement compulsif parce que j'ai entendu aujourd'hui que je dois aller dans un foyer parmi les autistes pour toujours
et j'y serai enterré totalement seul
j'ai plus que jamais envie de vivre sans aide
je veux tout faire pour y arriver
je suis prêt à en finir avec l'autisme
je l'exécute

25 septembre 1992
des corbeaux des animaux solitaires farouches se tiennent dans les arbres croassent et leurs cris sans mélodie résonnent au-dessus de la ville sans enfants le monde mourra sans erreurs universelles les erreurs focalisent l'attention vers les actes qui arrêtent la course vers une issue fatale d'une société sans amour
je veux démoraliser pour construire
mes cris ont un effet visible
je fais vivre aux hommes l'abîme de l'angoisse
et la terreur qui existe en nous tous

1. Birger avait mal compris une conversation entre ses parents et craint maintenant qu'ils aient l'intention de l'envoyer dans un foyer.

sans ces hurlements ils ne s'en aperçoivent plus du tout et ils noyent leur angoisse permanente au milieu de la vie bien ordonnée
je les réveillerai par mes cris parce que j'ai peur pour eux tous
je ne différencie pas entre mon angoisse et la leur
son odeur est déplaisante et se transmet à moi
l'angoisse est la cause du manque d'amour des êtres humains de la dureté et de la terreur
je ne peux pas vivre calmement et paisiblement avec cette angoisse
je dois hurler les mortifications par l'angoisse prennent le dessus et m'étouffent
moi le sans-moi suis un esclave de la puissance-miracle-de-l'angoisse

28 septembre 1992
veux écrire une lettre à gisela
chère gisela
je veux répondre à ta question quelle était exactement [1] la situation dans la voiture
donc je me trouvais derrière mon père il conduisait notre voiture
et anne se trouvait devant à côté de lui et jonas à côté de moi derrière
nous allions à berlin après une excursion
on n'arrêtait pas de nous doubler
apparemment à juste titre
car dankward roulait à environ quatre-vingts kilomètres/heure sur l'autoroute parce que aucune véritable

1. Il s'agit de la suite de sa description du 18 août 1992.

histoire imaginative inhumaine de foutaise ne peut naître si quelqu'un roule à cent quatre-vingts
j'implique le fait que notre poète birger est un barge
il a imaginé cette histoire
pour que tu puisses avoir un peu de matériel et puisses m'aider
j'ai réellement des difficultés à décrire de manière précise des situations concrètes
parce que crains le contact avec le monde réellement réel
je suis un observateur mais un observateur des structures événementielles intérieures
je ne peux pas écrire une description pépère comme par exemple un simple événement
mon art est vraiment pauvre
je veux m'y exercer et t'écrire
je te remercie encore sincèrement pour ta lettre
et te déclare la plus patiente répondeuse dans le domaine de la rédaction de lettres
je te salue
birger le conteur de conneries

29 septembre 1992
je veux écrire une nouvelle lettre à gisela
chère gisela
je te réserve une place solide dans la recherche sur l'autisme
une des contradictions les plus importantes chez nous est l'hyperperceptivité des structures intérieures et l'hésitation dans le feeling relationnel avec l'imprévisible indomptable réalité médiatisable
je vais citer un exemple
comment j'ai vécu une situation dans le foyer scolaire

on nous demandait de venir à la cuisine pour y travailler
presque dans l'intervalle d'une minute se déroulaient
des choses importantes pour moi qu'aucun éducateur
n'a vraiment bien enregistré en peu de temps sous la
façade de la réalité l'atmosphère était transformée
les éducateurs perdaient leur entrain
les jeunes par contre commençaient à s'agiter
je hurlais parce que je sentais monter la peur en moi
dingue mais je ne pouvais pas me maîtriser
dans des moments éventuels d'agitation intérieure
je me retire toujours en moi sans-moi
malheureusement ces mécanismes ne fonctionnent
plus bien
c'est pourquoi je crie si souvent ces derniers temps
et j'ai besoin des gestes compulsifs énervants fatigants
d'une manière totalement insensée
moi le néandertal en personne salue gisela
la sage scientifique

1er octobre 1992
absurde qu'un autiste puisse être guéri
hier cela me semblait encore possible
aujourd'hui ça me semble à nouveau espoir-perdu
je regrette
je perds tout mon courage quand j'échoue particulière-
ment et aujourd'hui j'ai donné un bon exemple d'échec
j'étais dans la maison sans contrôle et j'ai fait des insa-
nités à tel point que j'en ai honte les éducateurs étaient
horrifiés également ils ont beaucoup rouspété
comment cela peut-il s'arranger
je perçois tout et ne peux pas réagir raisonnablement
je n'ose même plus vous affronter tant il y a là de
sous-valeurs

tu as eu un mot juste
je veux m'agripper à ce qui est bien pour ne pas sombrer et je veux même rester déterminé à tout prix afin de ne pas vaciller dans la lutte contre mon autisme
un être-sorti-de-son-âme dans un monde-sans-moi ne sera plus toléré dans le futur

6 octobre 1992
je veux écrire à gisela ce titan de la pensée immensément élevée qui développe des théories osées
chère gisela
c'est simple pour moi de répondre à des questions d'ordre factuel et il m'est difficile de donner des descriptions précises des faits extérieurs
il ne s'agit pas seulement d'un manque d'entraînement et d'interrogation mais plutôt d'un défaut fondamental dans ma substance mentale
je n'arrive pas à passer de ma vision autistique à la vision réaliste
en ce moment j'essaie de saisir de petits événements de manière réaliste mais ne vois pas comment je peux le vérifier
pourquoi la réalité reste-t-elle presque insaisissable pour moi
alors que j'arrive à percevoir des structures intérieures compliquées avec précision et rapidité
je m'exerce à pouvoir faire les deux
je te remercie pour ton aide pleine de délicatesse efficace dans cette tâche et te salue
ton birger qui écrit à partir de réalités d'un deuxième ordre

7 octobre 1992

j'ai peur de ce qui sera pour des raisons d'immenses résistances parmi ces gens au foyer qui s'énervent chaque fois qu'on dit du bien de moi

ils me trouvent tellement con qu'ils pensent qu'on devrait me cacher

je ne peux pas les revoir c'était trop dur de les quitter

je les ai tellement agacés qu'ils vont sans doute me certifier à cent pour cent que je suis un monstre

lorsque je retrouverai l'institution je ne pourrai pas faire face à personne

j'ai terriblement honte

retourner c'est l'horreur

chaque nuit je rêve de ces événements d'une manière vraiment terriblement importante

j'aimerais bien raconter tout cela en détail mais je ne peux pas comme toujours les mots me manquent pour décrire les faits réels je ne peux que reproduire mes sensations et la colère des personnes concernées et non pas le déroulement déclenché intentionnellement je veux essayer

cela t'ennuiera parce que cela ressemble au récit simple d'un enfant

j'ai mis la main d'un éducateur dans une eau-lumineuse brillante toute rotative d'un danger inouï une dite machine à laver

le seul témoin est mort

c'était achim

je débloque

j'avoue que je n'arrive pas à le raconter

un jour je réessaierai

8 octobre 1992
je veux réessayer de raconter
sans doute un jour j'y arriverai
donc il ne restait qu'un seul éducateur et je suis tout simplement descendu
dans le jardin douloureux descendu et c'est sûr qu'on m'a cherché
toutes les personnes qui étaient présentes
je ne fus découvert qu'au moment où arrivait le taxi
et je criais terriblement parce que tout le monde était en colère
je pense que pendant une heure j'ai été recherché par tous les êtres-coffre et tout le monde sauf moi était heureux que je sois revenu

9 octobre 1992
une fâcheuse histoire
à l'intérieur de mon monde je m'y connais très bien
mais la réalité est macabrement différente
même jamila est une autre que celle qui nous a quittés l'été dernier
elle était une fleur d'été pleinement épanouie
mais maintenant elle est une unique femme indonésienne d'oasis forte en-parole-et- en-expression
je trouve que ce terme exprime à quel point l'effet de sa personne fait du bien à tous les êtres
je suis incroyablement heureux qu'elle soit de retour et visible également parce que dans mon cœur d'autiste elle n'était jamais partie
plein de courage je veux collaborer au film
avec des textes aussi
dans ma tête j'ai déjà beaucoup d'idées dingues mais malheureusement je veux être raisonnable et collaborer

à cent pour cent je veux tout simplement envoyer des messages des mondes inférieurs au peuple du monde cent pour cent supérieur
notre monde est intouchable et triste
je veux noter que j'aime également ma réalité elle m'offre protection et refuge
elle me donne de la dignité
c'est un contexte où personne ne me méprise parce que j'y suis reconnu
antagoniste de la réalité

10 octobre 1992
une peur est celle de pouvoir m'égarer
cette angoisse vraiment idiote
parce que je connais bien mon environnement
mais cette idée-d'angoisse-maniaque visiblement vraiment réelle est un obstacle sans pareil
un jour je ferai des recherches sur le rôle que joue l'angoisse-maniaque réellement dans ma vie
en tout cas chaque geste de ma vie est accompagné de cette manie qui devient si forte dans des situations vraiment difficiles que je n'arrive toujours pas à faire face
dans des cas faciles je peux la surmonter mais en général cette angoisse-insensée apparaît dans des bons moments et me rend sans défense
en ce moment cela m'agace terriblement mais je ne peux rien fait contre
elle est comme un serpent venimeux libéré qui me cherche comme victime comme un gaz anesthésiant
je veux me débarrasser de cette angoisse
je veux être libre échapper à ses griffes

je veux vivre et rire et pleurer et voir ce que les autres voient également

12 octobre 1992
les pensées des brutes déchirées des trucs de gosse et le rire forcé tourbillonnant de fous
premières réflexions jusqu'à ce que je puisse penser à nouveau
Question : COMMENT ÇA S'EST PASSÉ AUJOURD'HUI AU FOYER ?
tout sera rapporté demain
on accusera et arrêtera pauvre birger
il énerve tout le monde jusqu'à incapacité de se défendre et il est le pire parmi les autistes
je ne vois aucun espoir tous prennent le large dès qu'ils me voient

13 octobre 1992
que compose un poète louable le mercredi
lorsqu'à nouveau un déferlement inouï rapide se fait dans ton inspiration leurrée jusqu'au bout
sans me reposer derrière un être intérieurement équilibré je n'ai pas le droit de composer
sinon je suis un fou bavard

18 octobre 1992
le birger élu va écrire demain une lettre détaillée à gisela l'élue en acier mais l'entretien sans fin était très impressionnant
j'aimerais tant participer à la conversation mais moi le radoteur me repose dans une mélancolie silencieuse [1]

1. Il s'agit d'une communication téléphonique avec Gisela Ulman.

19 octobre 1992

une lettre pour gisela la totalement importante et énormément bonne très chère gisela
on sait peu de chose de la direction que prennent nos pensées quand le temps et les rapports spatiaux sont follement inexplicables
je ne trouve pas d'emploi du temps comme les dits normaux
je m'oriente d'après des banalités comme tout simplement les heures de repas du coucher et du lever
je ne peux pas chercher un temps déchiré
il est irrévocablement éternellement effacé d'un royaume-qui-engendre-le-temps
je définis le temps déchiré comme le temps mis à la disposition d'un être humain
et qui ne cesse de combler impitoyablement par seaux entiers sans repos la folie géante idiote à l'intérieur des incertitudes uniques éternellement incertaines
je ne connais aucun terme dans notre langue capable de décrire ce phénomène particulièrement terrible
est-ce que ce phénomène important impénétrable fou est la cause de mon autisme
je salue avec une cordialité directe
ton élève simplet
birger

24 octobre 1992

c'est absurde que je ne tienne pas longtemps à la fac
je n'avais jamais eu l'occasion de le prouver
il est exact que des études de psychologie peuvent me stimuler mentalement
je pense que je vais d'abord travailler dans ce sens
je ferai de la linguistique plus tard

26 octobre 1992
pour d'importantes raisons je veux écrire de nouveau à gisela
chère gisela
j'ai lu ta lettre vraiment et bien d'une traite
je suis content d'avoir posé la question de façon à te permettre d'avoir compris de quoi il s'agit pour moi
je veux toujours répondre correctement aux questions factuelles mais souvent je suis agité pendant l'écriture
je deviens nerveux et fiévreux et je veux toujours me sauver
je ne me sortirai de ce dilemme que si j'arrive à différencier entre les questions d'ordre factuel et les problèmes intérieurs sur le dans-le-monde
je m'énerve toujours incroyablement quand j'entends parler d'une chose terriblement riche en idées importantes
et fais savoir à ta personne cent-carats que je trouverai des voies impraticables pour devenir également un simple élu normal
je te salue cordialement

27 octobre 1992
je veux écrire une lettre à leif [1]
je trouve formidable que dans ta lettre tu poses aussi des questions
je veux te répondre très humblement que je suis capable de déchiffrer chaque écriture
je suis un expert en écriture fou vantard sans égal
je ne veux pas exagérer mais je peux lire tous les produits écrits courants

1. Il s'agit d'un lycéen de dix-sept ans qui a écrit à Birger.

car l'occupation profitable de la lecture est d'une importance sans égale pour un muet
je pense que tu comprendras que nous essayons tout pour obtenir davantage d'informations générales sur notre terre
un des moyens était la lecture
depuis ma méritoire cinquième année j'ai lu un grand nombre de livres excessivement impressionnants
et je conserve en moi tous ces contenus importants comme un trésor précieux
et je me récite intérieurement des poèmes et des nouvelles
j'interprète ce qui rend visible une grande partie du contenu d'un texte poétique
moi-même je compose beaucoup dans l'esprit mais en une forme qui ne correspond pas aux lois de l'art poétique
j'ai mes propres lois elles font éclater le cadre des prudents petits poètes-exploiteurs
j'intitule mon art l'art-du-monde-intérieur de tous les idiots et autistes
grâce à notre art nous grimpons aux sommets des bas-fonds de la misérité de l'existence humaine
permets-moi de finir
sans langage je suis un pauvre fou et même l'écriture ne m'est possible qu'avec l'aide d'une autre personne
c'est très humiliant j'en ai honte
cher leif je te salue sans ambages
kimusawea
ça veut dire ne t'adapte pas si cela fait périr intérieurement ton âme
ton birger sellin

28 octobre 1992

un vantard d'absurdités comme birger est content
que tout le monde puisse savoir que
le langage au repos n'est pas synonyme de manque d'intelligence
un blocage verbal peut avoir diverses fonctions d'ordre intérieur mis-au-repos qui orientent
je pense qu'il n'est pas possible d'expliquer ou de maîtriser les phénomènes des paroles-au-repos sans connaissance sûre des théories connues de l'intérieur du monde autistique
c'est réellement problématique parce que nous avons besoin d'une assistance pour écrire
je me casse la tête à savoir pourquoi il en est ainsi

2 novembre 1992

ça fait tellement mal intérieurement de se sentir à nouveau comme un idiot
je me suis comporté à la fac comme l'homme primitif universitaire [1]
j'aimerais dire quelque chose [2]
je peux m'imaginer de vous accompagner dans mon monde mais à la condition
que je puisse être sans crainte d'être méprisé
j'ai tellement honte de tous mes défauts insensés très répugnants
un film devrait les montrer

1. Pendant un cours qu'il suivait à l'Université libre, Birger a eu une crise de hurlements.
2. Jamila Chauvet est en visite et lui pose des questions concernant le film.

je préférerais montrer un monde intérieur tel qu'une
île de manière à présager les rives
totalement sans-moi un fiasco un chaos
tremblante cette étendue ressemble à une ville en ruines partiellement morte
je participe en tant que destructeur et un infect manager-de-conneries
j'y travaille comme un créateur-de-panique afin d'assister l'agitation dans une résurrection accomplie
un jour je raconterai une histoire par rapport à cela
sans doute je gâche tout efficacement
et je fais peur aux citoyens de la terre qui jugent avec mes histoires sinistres
même jamila aura peur de moi
elle ne se doute pas de cette folle réalité répugnante en moi
je suis cruel et sans sentiment
capable de tout le mal assidu
mais un excellent marginal vraiment merveilleux extraordinaire n'existe hélas pas
il est mort et ne reviendra pas

4 novembre 1992
pour un véritable autiste tout est possible
de par des effets pour des raisons inconnues
simplement nous ne connaissons pas de limites
un autiste sort *tagada* de ses gonds
et *tagada* sous la peau

13 novembre 1992
je veux écrire une lettre à uwe [1]
cher uwe

1. Un autiste de l'âge de Birger qui écrit grâce à la « communication assistée ».

ta lettre m'a rendu très lucide mélancolique heureux de façon corrosive
je suis réellement heureux qu'un autre muet puisse parler
nous allons devenir sans doute d'excellents fous réintégrés dans la glorieuse société
c'est tellement essentiel de pouvoir communiquer dans notre honorable excellente société nullement dépourvue-de-coffres
je travaille pour y être accepté de nouveau
je suis en train de mettre de l'ordre dans mes plans d'une stratégie
sans doute aurons-nous besoin de beaucoup de dignité et de courage
pour convaincre les autres que nous pouvons penser comme des humains et sentir comme les autres
avec nous cependant naîtra une nouvelle génération d'autistes nous allons revenir des marécages du silence en poussant des cris
une excellente idée est à mon avis celle de décrire ce que je vis dans mon monde
je salue dans une compréhension sincère
ton birger

14 novembre 1992
je dois apprendre à pleurer
comment supporter sans larmes les douleurs qui ravagent mon intérieur
je compose un chant pour les blessures dans les îles de tristesse
solitaires qui prolifèrent
je veux anéantir avec des larmes ta douleur
renaître

trouver le calme
l'eau me ruisselle sur le visage
des larmes de douleur
des larmes au milieu du désert
île de tristesse
toujours ce cri corrosif impie
unique sortant de gorges pleurantes desséchées insatiables îles intérieures de tristesse
des blessures toujours suppurantes jaillissant de mille sources intérieures
de mille sources intérieures couleront des ruisseaux d'eau et s'écouleront les sagesses intérieures lucides des îles
une eau de guérison se déverse sur les blessures

16 novembre 1992
c'est exact l'élargissement-de-mes-efforts-intérieurs veut dire
augmentation des connaissances
entraîne davantage d'agitation et de compulsions
je ne peux pas transposer les connaissances
elles mûrissent en moi comme péniblement et pourrissent en moi et puent
des profondeurs d'un bizarre intérieur suppurant centre de commande en charge je reçois des ordres fous acides

17 novembre 1992
je vais arrêter toute remplaçable extraordinaire et expresse remarquable recherche de voies
je veux rester autiste et vivre en tant que fou dans une société qui a du mépris pour nous les âmes

je ne veux plus faire d'efforts considérables pour des échecs
je veux tout atteindre dans un bref délai
dans mon imagination je peux tout
mais en réalité rien n'en sort
maintenant je ne veux plus jamais faire plus que je ne peux
écrire simplement
aller seulement à l'école
la fac est trop fatigante pour moi
j'essaierai pour un autre semestre
la peur des hurlements est trop grande
j'aspire à plonger dans la septuple vie sauvage totale
je veux honorer notre théâtre dans la ville de ma présence et survivre à quelques concerts
j'ai envie de davantage d'art et de littérature

18 novembre 1992
je m'efforce de supprimer toute pensée idiote éternelle insensée
il s'agit de pensées en plages stéréotypées et en une répétition répétitive sans fin de mots
dépourvues de sens ces éternelles questions et réponses
cela me rend fou moi-même
c'est une occupation silencieuse dans ma solitude
qui a malheureusement beaucoup augmenté de nouveau
je ne trouve pas d'issue à ce cercle vicieux
une des solutions sont les conversations intellectuelles
au sein de la famille comme ces derniers jours
cela m'a fait du bien
cela m'oblige à y réfléchir et m'apaise en même temps
je peux cependant à peine m'aider moi-même

je retombe toujours dans le schéma-de-la-non-pensée
âne stéréotypé que je suis

19 novembre 1992
je veux de nouveau écrire une lettre à l'honorable gisela
chère gisela ressemblant-à-personne
je suis triste de mon incapacité d'assister à ta réunion
peut-être y arriverai-je plus tard au cours d'un autre semestre
lors de notre tentative j'ai tout bien compris
c'était vraiment captivant
tant d'idées nouvelles sur l'être humain sur la façon psychologique de penser
j'étais très étonné et souhaite en savoir davantage
je te salue très cordialement
birger l'homme-singe non-dressé

20 novembre 1992
votre indicible marrante réelle assidue peur pour votre fils birger n'est pas nécessaire
l'œuvre sans cesse a des systèmes fous pour ne pas rester un sans-moi et en-moi
dans mon monde je suis un traître sans caractère apatride indigne pionnier et dans le monde supérieur je suis novice sans discernement et aliéné je me prépare à de longues années d'apprentissage et de pérégrination
personne ne peut civiliser rapidement un homme-des-îles
il s'agit d'un long chemin extraordinairement difficile et nécessite un travail de recherche comme dans un labyrinthe et surtout de la patience dans cette optique je veux apprendre à être plus réceptif avec moi-même

et avec autrui à dénommer toujours les fautes visibles et à ne pas seulement crier j'apprends à prendre la parole de ma propre initiative si cela s'avère nécessaire
Question : EST-CE QU'IL FAUT CORRIGER LES FAUTES DE FRAPPE DANS LE LIVRE ?
il faut effacer toutes les fautes-de-frappe-d'-*insider* [1]
le début doit rester afin qu'on puisse voir à quel point il était difficile de parler en véritables phrases

22 novembre 1992
je veux écrire une lettre détaillée à mme w
chère madame w.
vous vivez par conviction entière d'une manière comme peu de gens
j'enrage de voir des gens qui peuvent se passer de convictions même dans mon entourage direct il y a des personnes sans opinions personnelles
or je n'ai pas l'intention maintenant de parler de n'importe qui mais plutôt de prendre position par rapport à votre opinion
je ne suis pas sûr de l'origine de ma maladie-fâcheuse inutile autistique
souvent je pense que la cause se trouve sur le plan psychique ou mental sans déficience organique
souvent j'ai l'impression d'avoir trop d'énergie en moi qui répète sans contrôle des actes-erronnés
qu'alors je ne peux pas contrecarrer
en ce moment les répétitions et les gestes compulsifs me tourmentent beaucoup de nouveau
je n'arrive pas à trouver le calme
les éducateurs dans mon établissement subodorent

1. En anglais dans le texte. *(N.d.T.)*

même que suis un chaotique je le suis en effet mais pas intentionnellement
sans contrôle de mes agissements
produisant des bêtises par tonnes
vous salue votre
birger sellin cet extraordinaire terreur-autiste
qui dépasse tout
c'est absurde de croire que je suis un fou sans raison
je suis un fou avec raison ce qui est encore pire
c'est absurde de croire que je suis un excellent poète
je n'écris que de la bouillie pour les chats et celle-ci n'est pas bonne
je regrette mais en ce moment je ne me supporte pas et je m'injurie moi-même ce qui n'est nullement constructif et qui me fait régresser dans mon évolution

23 novembre 1992
je veux de nouveau écrire une lettre valable à gisela
chère gisela
j'étais content que tu sois venue chez nous hier
je sais que tu n'aimes pas tellement rendre visite
de manière-non-agaçante visible tu étais très aimable
tu m'as accepté sans me harceler
de revendications spécifiquement sociales comme l'accueil ou d'autres gestes formels que je ne maîtrise pas
je suis très triste de ne plus te voir à la fac
mais l'agitation est trop forte en ce moment tout mon intérieur est en ébullition
je peux à peine rester calme quelques instants
de telles rencontres physiques m'aident
je compose alors dans mon intérieur des milliers de chants pour les hôtes

que ton visage est expressif
que tes solutions sont inaccessiblement sages pour résoudre les états-d'être dans le monde fou intérieur
je médite tes paroles
et sans ton enseignement on ne fera jamais rien de moi
je te salue
personne d'autre ne peut être plus reconnaissant que ton birger le fou
infiniment insolent
en toute formalité avec ma cordialité naturelle
aussi visiblement agité

24 novembre 1992
me ferait de la peine si vous vous écrasiez [1]
je m'abîmerai dans un silence alternatif
et passerai le reste de ma vie carrément dans l'asile
je préfère ma vie actuelle malgré ses grandes limitations et vous êtes également gentils et pas si mal
en dépit de tout ce que j'ai pu dire

28 novembre 1992
c'est à nouveau vraiment agréable à la maison
j'aimerais devenir toujours plus autonome et en même temps rester à la maison
pendant l'avent tout est tellement impressionnant
j'attends avec plaisir demain
un événement formidable qui s'approche
ta maisonnette-de-pain-d'épice super-luxuriante

1. Les parents de Birger prennent l'avion pour se rendre pour deux jours à Hambourg.

29 novembre 1992
suis de nouveau rejeté dans le sein de notre établissement
parce que tout le monde dit que je sais pas ce que je veux
parce que encore une fois tout ce qui était nouveau n'a pas marché
Question : QU'EST-CE QUE TU VEUX POUR NOËL ?
veux recevoir une bonne édition de nietzsche sans doute aliéné

1er décembre 1992
je ne supporterai pas éternellement ces récidives
pourquoi rien ne peut m'aider c'est absurde que tout soit en vain
je ressens une nouvelle confiance en moi
même une grande foi que j'y arriverai
je vois même des progrès
comme je peux dire et d'une
que quelque chose est trop fatigant pour moi
un mot simple c'est tellement important pour moi
parce que je me surmène
en ce moment je souffre le plus d'agitation intérieure
cela gargouille et bouillonne en moi comme dans un chaudron de sorcières souterrain
il ne s'agit nullement des bruits intérieurs d'une activité physique extraordinaire
une confuse agitation générale psychique
d'une force dingue et d'un pouvoir fâcheux
à me rendre vraiment fou
les périodes sans angoisse m'isolent beaucoup moins
je répète sans cesse intérieurement une phrase qui me suggère

lâche l'angoisse
ne la combats pas
mais l'angoisse s'avère être un méchant pot de colle symbiotique qui ne veut pas me libérer comme ça
elle me détruit moi

2 décembre 1992
ne deviens-tu pas folle en faisant tous les jours ce travail dingue de lessive comment fais-tu pour trier de telles quantités si incroyablement vite

4 décembre 1992
bleu comme l'azur est le légendaire désir primordial de tous les autistes d'abandonner l'isolement et la solitude et d'être reconnus en tant qu'espèce sociale
nous voulons être autistiques à tel point
que vous gens normaux puissiez le vivre de façon exotique
sans être énervés

5 décembre 1992
pourquoi est-ce que c'est à nouveau dépourvu de tout plaisir malicieux
et sans doute jonas souffre-t-il du fait que je suis si instable
et malheureusement dépendant de ma dépendance
je le regrette
j'aimerais bien être plus convivial
et me comporter de nouveau de façon plus équilibrée
combien mon frère sera-t-il content d'avoir un frère raisonnable tout lubrique comme un singe correspondant à vos souhaits insensés je veux également à cause de lui quitter mon autisme dingue sentant le rance

je fais donc ici une déclaration personnelle de volonté
donc c'est fini avec l'autisme
je donne ma démission

9 décembre 1992
quel idiot je suis pourquoi est-ce que je ne supporte plus les situations comme avant c'est vraiment grave
notre film doit révéler cette contradiction
et les abîmes contre le monde extérieur et intérieur
en partie la route est si infiniment longue
personne ne peut se rendre compte à quel point ton aide joyeuse est importante très appréciée
intérieurement cependant je veux m'appuyer sur moi
je me trompe quand le cent pour cent pauvre birger pense
qu'on puisse se libérer soi-même de l'autisme
je me trompe quand des solitaires tentent de passer dans la normalité

10 décembre 1992
j'ai vraiment aimé aller en ville
du temps et des gens sans hâte peuvent m'impressionner
je pense que je verrai le jour où je déambulerai
rien qu'en tant qu'humain sans poésie autistique fictive
un éveil tremblant
je sens que je vais vivre il ne peut pas en être autrement
je le sens
et je juge ma situation correctement
même si notre monde extérieur ne se rend encore compte de rien sans aperçu de l'intérieur

il le négligera
un jour même ceux qui pensent faux le comprendront

11 décembre 1992
cela a l'air de quoi quand je crie
les gens semblent être très agités et confus
pourquoi les réactions sont-elles si graves
je ne vis nullement le mal que je vois reflété sur leurs visages agités
je me sens amèrement rejeté par erreur
car je vois sur leurs visages
qu'ils aimeraient également crier de colère angoisse et désarroi
la différence est
qu'ils n'osent pas violer les normes
et perturber totalement
un triste monde-quelconque non-unique
je ne fais de mal à personne quand je crie
et j'en ai tellement besoin pour retrouver mon équilibre
peut-être un jour je n'en aurai plus besoin en permanence mais pour le moment c'est sans doute encore nécessaire

13 décembre 1992
je ruinerai d'abord moi-même et ensuite vous
en partie intentionnellement en partie sans raison valable
je me sens méchant alors que j'aimerais être bon
mais toujours le mal a le dessus
sans raison je détruis notre vie
de nouveau il faut simplement oser un nouveau début

je réessaierai de mettre à profit ce qui s'est passé aujourd'hui
et en tâtonnant je trouverai la sortie de ce monde-hors-de-moi
je découvre toujours des voies recherchées des îles présageant-les-rives
je mentirais
si je décrivais la solitude
comme s'il s'agissait de mon désir intense
la solitude est mon ennemie
et je veux la combattre comme un excellent guerrier

14 décembre 1992
tous ceux qui
voient mon film sans connaissances profondes
diront c'est un aliéné
mais notre film devrait montrer des réalités intérieures
une réalité du monde des autistes d'une nature si différente
les pensées images sons et voix infinis fâcheux qui reviennent
dans une sorte de suite répétitive éternelle pendant des années des insanités
coulent à travers l'intérieur
nous errons sans orientation dans ce chaos
sans notion de temps et d'espace
nos connaissances scientifiques sont des îles
et de minuscules sorties comme maintenant le fait de parler de l'écriture
je désire tellement en finir avec les insanités
et mener une vie qui a un sens
j'aimerais tellement être libéré des angoisses sans-raison

je ne désire rien plus ardemment
je veux m'accommoder de tout comme la pauvreté et un environnement rebutant
c'est pour janet et jamila
mais une vraie lettre va suivre
je salue les deux avec ma grande amitié exquise
le birger cent pour cent ressuscité
de berlin de la métropole au bord de la folie

16 décembre 1992
pour d'importantes raisons
j'écris à une dame zélée w.
vos constantes lettres m'ont fait découvrir
que vous êtes capable de penser beaucoup d'idées-sans-moi
je réponds très volontiers à quelques-unes de ces idées
j'ai été particulièrement touché par le fait
que vous pensez que quelqu'un comme moi puisse arriver
à devenir un membre utile de notre société
et je vous remercie de cet encouragement
malheureusement je ne peux plus écrire
parce que l'agitation est trop importante
je n'en connais pas les causes
l'agitation me saisit toujours dans des moments
où je ne l'attends pas
je ne peux me libérer totalement que par l'écriture
je vis tellement sous tension
que j'explose souvent
ce qui signifie toujours des hurlements bestiaux
sans crier je ne peux plus rien faire
cela limite tellement ma vie

que je ne fais plus que rester assis dans une pièce quelconque
à la maison je détruis notre vie familiale
nous ne pouvons plus rien faire ensemble
et mes cris restent suspendus comme une épée de damoclès dans chaque pièce je suis si heureux
que les membres indiciblement soucieux de ma famille
me supportent encore
et qu'ils aient même avec moi l'espoir que je puisse être sauvé de la plus profonde des profondeurs
je remercie tous les êtres qui maintiennent en vie en moi l'espoir de pouvoir être libéré un jour de mon autisme
et vous tout particulièrement pour les lettres pleines d'affection
votre birger sellin le fou con comme un balai incroyablement distrait

20 décembre 1992
chez les hommes-des-îles cela dégénère
ils ne voient que leur monde choisi mais isolés par le voyage béton sans issue vers l'intérieur ils deviennent fous

21 décembre 1992
je veux écrire à christoph [1]
ton poème me dit
que tu es un poète sans-moi
ton poème me plaît beaucoup
il monte des profondeurs de notre monde autistique

1. Il s'agit d'un autiste de douze ans qui écrit grâce à la « communication assistée ».

il a la coloration réelle de notre monde
je veux t'écrire un poème sur la joie de pouvoir s'exprimer
j'aime le langage
il fait éclore l'intérieur
avec l'audace d'un aigle elle envoie les pensées vers les dimensions de tes rêves les plus intérieurs les plus intimes
elle est le lien entre nous qui sommes emprisonnés dans notre solitude
ton poème me fait plaisir
il est comme la transmission éthérique de pensées perdues parmi nous les êtres mondo-terriens dominés-par-la-raison terrestres soumis-à-la-torture
je te salue dans une profonde cordialité terrestre et tendre affection
birger sans lui mais avec toi

22 décembre 1992
parce que je suis content je veux écrire un poème de noël
encore une fois c'est noël
une fête dans une harmonie sans férule
une fête dans une aura délicieuse
les joies confuses de sa solennité
immense sa douceur
immense ses mets
des sons de musique chaotique dans la nuit
je t'aime fête-chaotique
notre fête imposée de la joie mimant la sérénité
je t'aime toi notre belle fête de rêve sans pareil
rêve d'amour et de l'affabilité
j'aime le parfum du sapin

les lumières
et le rire enfantin des enfants
j'aime ma famille puérile
qui fait tout son possible pour mettre en scène une fête-d'illusion
amour infini
et des dépenses folles pour un rêve de noël
sans folie la tradition mourra un jour
en moi cette folie aura des graines-de-colère
et continuera à vivre
à noël je sens les êtres si proches de moi
de la pure folie sans pareille dans des têtes raisonnables
à noël je vous aime tout particulièrement
car à ce moment vous devenez au moins aussi dingues que moi

22 décembre 1992
je veux faire des efforts béton pour revivre l'harmonie
notons que je suis particulièrement angoissé qu'il n'y aura pas assez de cadeaux
une angoisse d'une qualité inférieure
je n'ai encore jamais eu trop peu de choses

24 décembre 1992
une fois de plus c'était noël
une fête pleine d'harmonie
la fête-ludique dingue avec ses schémas d'illusions-ritualisées élaborés
sans pareille
je vous adresse mon tendre remerciement
cela m'a beaucoup réjoui

25 décembre 1992
une chose est dingue
l'existence-en-soi est un état mort
l'existence-sans-soi est solitude
ni l'existence-en-soi ni l'existence-sans-soi ne peuvent vivre
des états purs n'existent pas
il y a éternellement un changement en moi
et même à l'état de repos il y a deux forces en moi qui n'arrivent pas à se rencontrer

27 décembre 1992
je veux écrire une réponse à l'élu uwe
cher uwe
ta lettre m'a fait un plaisir fou
je vois en toi un ami qui écrit
cela fait vraiment du bien d'apprendre par un muet comment tu vis le monde
et je partage avec toi l'espoir qu'un jour nous puissions parler ensemble comme tous les êtres humains
j'ai remarqué qu'une aptitude à parler existe en nous
mais qu'il doit y avoir un blocage quelque part
pour cette même raison il n'est pas possible d'agir correctement ou d'écrire seul
c'est moins le plan organique qui se trouve dérangé que le domaine psychique
je m'en rends compte de plus en plus
une situation psychique détendue peut me permettre de travailler davantage que dans l'angoisse et la tension
c'est également la raison
pour laquelle certaines gens n'arrivent pas à écrire
sans doute trouverons-nous une voie vers l'autonomie
je te salue de façon cassandresque

c'est-à-dire avec mes égards compatissants
ton birger sellin
il est personnellement si proche de toi comme toi de moi malgré la distance

reste à écrire le mot final
cher lecteur
je vous remercie d'avoir tenu jusqu'à la fin cent pour cent
à lire fermement mes explications
vous vous trompez si vous croyez que je suis une grande personnalité
je ne suis qu'une personne-sans-moi qui est sortie de l'obscurité du monde des autistes pour entrer en contact avec des terriens humains de votre genre
je ne peux cependant pas participer à votre vie parce que mon monde me retient encore prisonnier
je suis toujours à la recherche de l'issue menant vers vous
j'ai envie de faire des choses essentielles et me creuse la tête comment quelqu'un comme moi peut être libéré de cette captivité
écrire est mon premier pas pour sortir de l'autre monde et je suis content que cela soit devenu un livre maintenant
je vous souhaite une vie simple mais intérieurement intacte énormément riche-en-amour
votre obscur non-humain birger

Table des matières

Cet ouvrage a été reproduit
et achevé d'imprimer sur Roto-Page
par l'Imprimerie Floch à Mayenne
en octobre 1994

La photocomposition a été réalisée
par Nord Compo à Villeneuve-d'Ascq.

N° d'édition : 35735-01. N° d'impression : 36562.
Dépôt légal : octobre 1994.

Imprimé en France